JN013772

直感で
伝わる！

プレゼン
資料は

見た目が9割

高村勇太 Takamura Yuta

青春出版社

はじめに

これ以上ないと言える資料をあなたの手で

資料制作のスキルが今ほど重要な時代はない

「直感で伝わる！プレゼン資料は見た目が9割」を手に取っていただき、ありがとうございます。私は普段、資料制作の仕事を専門に行っていますが、そのなかでここ最近気づいたことがあります。それが、資料制作の需要が急速に高まっているということです。

これまで対面で行われていたプレゼンテーションや営業活動が新型コロナウイルス感染拡大の影響により難しくなったことで、それらの多くがオンラインでの活動に切り替わりました。そのため、これまで対面だったら伝えられていたものが、画面を通すと途端に伝わらない、または伝わりにくい状況になってしまったのです。

そのせいで、対面のプレゼンテーションや営業で使用していた、"読みにくく理解しにくい資料"は、オンラインになると、相手にとってとても退屈なものになってしまいました。

これまでは、プレゼンターが「主」となり、相手に伝えていたものが、今では資料が「主」となり、相手に伝えなくてはいけなくなったのです。

なぜ、そのようなことが起きるのかというと、画面越しに資料を共有するスタイルだと、プレゼンターの表情やジェスチャーが見づらい、もしくは、見えなくなってしまい、伝えられる情報が減ってしまったのが大きな原因だと私は考えています。もちろん、資料にはプレゼンターの説明が必要です。

しかし今後は、資料をメインにして、補足的に口頭で説明するというスタイルがもっと増えていくのではないかと思います。

そして今、多くの企業が資料作りの大切さに気付きはじめているように感じています。それは私のところに寄せられる資料制作や、資料制作に関する講義の依頼の増加が物語っています。

さらに、資料制作代行会社も増えてきていますし、プレゼン資料を作ることのできる様々なWebツールがリリースされていることからも、資料の必要性が高まっているといえます。

ですから、どんなビジネスをしていたとしても、今こそ、資料を使って相手に伝える技術を磨くことがあなたにとって大切な経験になると私は考えています。

それは日常的にプレゼンをする営業パーソンだけに限りません。作る資料のほとんどが社内向けという事務方の人にも役立つスキルなのです。

また、資料制作のスキルは資料制作にだけ活きるのではありません。読み手にわかりやすく伝える技術は、仕事のみならず、プラベートでも活用できる非常に汎用性の高いスキルです。

あなたが本書で手に入れるものは、今後の人生で一生使えるノウハウなのです。

本書はかっこいいデザインが作れる本ではありません

本書のタイトルが「見た目が9割」となっているので、かっこいいデザインの作り方が学べる本だと思われたかもしれませんが、決してそういう

ことではありません。

　本書では、かっこいいデザインを目指すのではなく、あくまでも読み手が理解しやすいデザインを目指すことを前提にしています。

　資料を制作するうえで大切なことはたくさんありますが、まずはなんといっても提案内容が自信を持ってお届けできるものでなくてはいけませんよね。

　そして、あなたが自信を持って提案する内容を、確実に読み手に届けるためにデザインのチカラが必要なのです。

　今、目の前に文章だらけのA4サイズの資料があることを想像してみてください。あなたはそれを読む気になりますか？　A4用紙にびっしり書かれた文章を読むのはとても負担が大きいですし、文章だけだと内容を理解するのも時間がかかってしまいます。

　ですから、情報を削ったり、文字の大きさを変えたり、画像を使ったり、グラフを使ったり、デザインをすることで、より早く、より正確に、より簡単に情報を届けることができるのです。

　私は様々な資料を見る機会がありますが、そこで感じたことは、多くの方がかっこいいデザインにこだわっているということです。それ自体は決して悪いことではありません。問題は、中身よりもデザインを重視している人が多いことです。

　確かに、デザインは資料にとって重要な要素ですが、資料における本当のデザインは、どれだけキレイにするかよりも、どれだけ理解しやすくするか、という点が重要になってきます。

素晴らしく洗練されていて、美しく、誰が見てもかっこいいデザインだったとしても内容が理解できなかったり、一番伝えたいことが伝わらなかったりするデザインは、良いデザインとはいえません。

　デザイン性の高い資料を作るためには、ある程度わかりやすさを犠牲にしても仕方がないと思っている方もいますが、それは間違っています。
　資料を制作する一番の目的は、その資料によって相手に行動してもらうことです。行動とは、商品を買ってもらったり、お申し込みをしてもらったりすることですが、その目的のために、相手である読み手に、ストレスを与えることなく理解してもらうことが大切なのです。

　よくあるのが、資料内の上下にあるヘッダーやフッターにたくさんの装飾を施したり、全ページの背景に画像を置いたりするデザインです。制作した本人は「かっこいいデザインができた」と満足かもしれませんが、読み手からすると読みづらくて仕方がないです。
　このように、「デザインをする」という行為は自己満足になりがちなので、注意しなくてはいけません。

　では、デザインなどしなくてもいいのか？　と聞かれると、答えは「No」です。最初にもお伝えしましたが、デザインは資料にとって必要です。むしろとても重要な要素です。
　理解しやすくわかりやすい資料は、デザインされた資料なのです。
　ダメなデザインは「装飾を目的」にしており、良いデザインは「すぐに理解してもらえることを目的」にしています。

装飾を目的としたデザインとは、恣意的な資料のことです。読み手のことを考えず、とにかくかっこよければいい、という考えで作られた資料です。

　一方、すぐに理解してもらえることを目的としたデザインは、どういったレイアウト、色使い、フォントの大きさ、見せ方などをすれば、読み手がストレスなく理解してもらえるのかを考えています。

　これから、資料を制作するあなたには、是非、後者の読み手のためにデザインされた資料を制作してもらいたいと願っています。

資料作りにセンスは必要ない

　資料作りをしていると、よくこんな言葉を聞きます。

　それは「センスがないからな」という言葉です。センスがないから良い資料が作れないと思っている方がとても多くいます。

　しかし、それはセンスがないのではなく、体系的に学ぶチャンスがなかっただけです。

　私だって最初はひどいものでした。センスがあったとはいえません。むしろセンスはないほうだったと思います。美術大学時代にはデザイン系の授業ではほとんど合格ギリギリの成績でしたし、プレゼンテーション資料制作の仕事を始めた頃も、センスの良い資料を作れていなかったと思います。

　それでも、色々と学び知っていくことで、今では、お金をいただいてお客様の資料を制作できるまでになりました。

　私は以前、講義を開いた際に、ある受講者さんから受講前に制作した資

料を見せていただいたことがあります。

　お世辞にもあまり良い出来とはいえない資料でした。色の使い方はめちゃくちゃで、レイアウトも適当、テキストの強弱もなく、読みづらい資料でした。しかし、講義を受講したあとには、色使いもよく、レイアウトもまとまっていて、読みやすい資料を制作することができたのです。

　センスがないといわれる資料を制作してしまう原因は、体系的に習ったことがないのと、何が間違っているのかを知らないことです。色の組み合わせ1つにしても、見づらい色の組み合わせを知りませんし、レイアウトについても、ルールを知らないだけだったのです。

　ですから、そういったことを知るだけでも、自分の制作する資料の見方がガラリと変わります。これまで自分が制作してきた資料が、どれだけ見づらい資料だったのかを自分でわかるようになるのです。

　資料制作の第一歩として、このことはとても大切です。まずは自分で間違いに気づくことが必要で、間違いがわかればそこを直せばいいだけです。まだ資料を作ったことがない人や、資料制作の経験が浅い人は、いきなり最高の資料を制作することを目指さず、まずは何が間違っているのかを知ることからはじめてください。

　そうすると、他の人が制作した資料に対しても今まで見えてこなかった部分が見えてくるようになります。「メリハリがないから読みづらいな」とか「情報を詰めすぎているな」とか、間違っている部分を判断できるようになれば、今度は自分でも良い資料を制作することができます。

デザイナーではなく編集者になってください

書くことは人の仕事だが、編集は神の仕事だ

アメリカの小説家 スティーブン・キング

　好き勝手に資料を作れるのでしたら、まあまあ簡単です。何も考えずに自分の伝えたいことだけを資料に詰め込めばいいのですから。しかし、それを読み手に、簡単に理解してもらう資料に作り変えるとなると、骨が折れる作業になります。

　映画で例えてみます。映画の場合、100時間以上という膨大な撮影素材の中から約2時間内に収まるように余計な部分をカットしていかなければいけません。約98時間分の素材を削ぎ落とす必要があるのです。

　これは相当大変な仕事です。どれだけ膨大な時間がかかるのか想像もできません。

　小説も同じです。テレビも雑誌も新聞もすべて編集が必要です。無駄な部分を削ぎ落とし、必要な部分だけを抽出しなくてはいけません。

　そうです。

　プレゼンテーション資料や営業資料にも「編集」が必要なのです。そして「編集作業」こそが、資料の質を高めるために重要なステップになります。最初に制作して、ちょっと修正して完成するわけではありません。そこから、どれだけ無駄を削り、わかりやすい資料にすることができるのかが勝負に

なるのです。

　そのためには、見た目を整える前に、資料制作の基本である「シンプル」について知る必要があります。

「なんだよ、デザインの方法だけ教えてくれよ」と思われるかもしれませんが、資料がシンプルになっていない状態では、デザインのチカラが活きてこないので、資料制作の基礎を知っていただきたいのです。

　プレゼン資料や営業資料で大切なことは、相手にしっかりと理解してもらい、あなたの提案の価値を100%伝えることです。そしてそのためにデザインについて知ることは多くのメリットがあります。

　資料制作の基礎、直感的に理解できるデザインについて知っていただき、これ以上ないと言える資料を作るために本書がお手伝いします。

2021年6月吉日　高村勇太

CONTENTS

第1章　直感で伝わる シンプルな資料

資料作りは地図を教えるように

シンプルは簡素と同じ意味ではない

シンプルな資料を手に入れる

第2章　直感的に伝わる資料の基本ルール

資料制作を始める前に

資料制作の超基本ルール

第3章　直感的に買いたい！を引き出す社外向け資料作成

資料の基本は3幕構成

提案パターンで必要な3つの構成要素

提案パターン構成①「導入」

提案パターン構成②「提案」

提案パターン構成③「行動喚起」

第4章　直感的にGoサインが出る社内向け資料作成

報告パターンで必要な3つの構成要素

報告パターン構成①「問題」

報告パターン構成②「解決」

報告パターン構成③「結果」

第5章 直感的に理解させる 資料の見せ方

ひと目で理解できる資料を目指す

画像は直感的に理解できる最高のツール

文章を図に変換してわかりやすくする

第6章　直感的に納得させる「グラフ・表作り」のルール

グラフは視覚にアプローチする

グラフの使い分け方と見せ方

見やすい表の作り方

第8章　直感的に伝わる「タイトル」の作り方

相手の心を掴むタイトルのつけ方

シンプルにストレートに伝える

表紙の作り方

第 1 章

直感で伝わる
シンプルな資料

"直感で伝わる"資料を作るためには、その土台となる「シンプル」について理解することが重要になります。なぜなら、シンプルにすることで、無駄な説明が省かれ、相手に素早く伝わるようになるからです。無駄な説明が省かれた資料は見た目もスッキリするので読み手に「読みたい」と前向きな姿勢になってもらうこともできます。情報がぎっしり詰め込まれた資料はあまり読みたくありませんよね。

　脳は体全体のわずか2%の重量に過ぎませんが、エネルギーの消費量は全体の約20%という大きな割合になると考えられています。そのため、脳は自動的にエネルギーの消費量を抑えようとします。あなたも昼食に何を食べるか考えるのが面倒で、結局同じメニューを食べてしまうという経験はありませんか？

　脳は常に楽をしようとしています。ですから、無駄なことが書かれた資料や、テーマとは関係のない話が展開される資料で、読み手を疲れさせ、ストレスを与えるのではなく、理解しやすいシンプルな資料を目指すことが大切なのです。

　シンプルについて知ることは、資料作りだけではなく、ビジネスの現場でも活きてきます。相手に自分の意志や提案を伝えるときや、メールを送るときにも、シンプルな言葉、シンプルな内容を心掛けることで、わかりやすく伝えることができるからです。

　資料制作に関する本はたくさんありますが、「シンプル」にこだわって語られている本は少ないように感じます。ですから、この章をお読みいただくだけでも、あなたの資料制作レベルは格段に高まると確信しています。そして、あなたの資料は上司に褒められ、お客様の購買意欲をそそるようなものに生まれ変わるでしょう。

資料作りは地図を教えるように

シンプルな資料にするための基本

　資料を作るということは地図を教えるようなものです。

　例えば、あなたは最近引っ越しをして、友人を自宅に招くことになりました。そのとき、最寄りの駅からあなたの自宅までの道順を、あなたならどのように教えますか？
「Googleマップがあるから楽勝じゃん」というのは一旦横に置いておいてくださいね。

　友人に自宅までの道順を教えるとき、例えば、「駅を降りて真っ直ぐに行くとラーメン屋があって、そこのラーメンがすごく量が多くて美味しいんだよね。特にメンマが美味しくて。それでそこのラーメン屋の前を通って真っ直ぐに進んで、今度は右側に郵便局があって、その向かいに昔ながらの駄菓子屋さんがあって、そこの駄菓子屋さんのおばあちゃんがとっても可愛らしいんだ。その駄菓子屋さんから4つ目の十字路を右に曲がって……」というように、余計な説明が入った伝え方をするでしょうか？

　おそらく、そんな説明はしないはずです。なぜなら余計な説明を入れることで話が長くなりますし、とてもわかりにくい説明になってしまうからです。
　わかりにくい説明は、友人を道に迷わせてしまう恐れがあるので、あなたの家に到着するまでに時間がかかってしまうかもしれませんし、最悪の場合、途中で諦めて帰ってしまうかもしれません。
　そうなると、せっかく時間を作って遊びに来てくれた友人は、時間を無駄にしてしまうわけですし、あなた自身も友人のために用意した料理やお酒が無駄になってしまいます。

　この話を聞いたあなたは、「自分はこんなバカな真似はしない。友人を自宅に招待するとなったら、一番わかりやすい道順をできるだけシンプルに伝える」と思われるかもしれません。
　しかし、これが資料制作となると、多くの人が「長くてわかりにくい説明をする」という間違いを犯してしまうのです。

　プレゼンテーションや営業活動、上司への報告など、資料を使って説明するとなると、途端に余計な内容が盛り込まれて、結局何が言いたいのかわからない資

料となってしまうケースがよくあります。

するとどうなるのか？　先程あなたの自宅に遊びに来ようとした友人と同じ事が起きます。つまり、資料の内容を理解するのに恐ろしく時間がかかってしまい、最悪の場合、読み手は途中で投げ出し、もうその資料には見向きもしてくれなくなります。

だからこそ、友人が迷わず、あなたの自宅までたどり着けるように説明するのと同じように、資料でもわかりやすくシンプルに伝える必要があるのです。

本来、資料を制作する目的は、プレゼンテーションや営業活動なら、商品やサービスを買ってもらうことであったり、資料請求してもらうことであったり、お問い合わせしてもらうことですよね。上司への報告でしたら、承認をもらうことかもしれません。

それらの目的を達成するために、読み手を迷わせないで、内容を理解してもらえる資料を目指すことが大切です。

シンプルな資料がもたらすメリット

私は普段、様々なお客様のプレゼン資料や営業資料の制作、または講義などを行っています。シンプルでわかりやすい資料をお客様に提案することで、コンペ案件で1,000万円の受注を勝ち取ることができたり、売上が2倍になったり、社内会議の時間がこれまで半日かかっていたものが、2時間で終わるようになったという事例もあります。

資料がシンプルになることで議題が明確になり、本当に話し合わなくてはいけない内容だけに集中して、会議を進めることができたのです。

シンプルな資料はその結果だけにメリットがあるのではなく、制作時にも大きなメリットがあります。様々な内容が盛り込まれた資料では、構成やレイアウトに非常に苦労します。なぜなら、物理的に決められた紙面の上では、無限に文字を書き込むことはできないからです。

また、伝えたいことがたくさんあるということは、その分、構成も非常に複雑になってしまいます。そうなると、非常に時間をかけて制作した資料にもかかわ

らず、結果的にはわかりにくい資料ができてしまうことになるのです。

　ビジネスの世界でも、シンプルを取り入れることには大きなメリットがあり、シンプルなブランドは消費者から好意的に受け入れられています。

　今となっては当たり前のスマートフォンですが、アップルはそれまでボタンがたくさんあった携帯電話からほとんどのボタンを取り除き、スマートでシンプルな携帯電話を世に送り出し、大きな成功を収めました。

　アマゾンは「顧客至上主義」を掲げ、判断に迷ったら「それは顧客のためになるのか」というシンプルな問いかけを自身にすることで、顧客満足度を高め、企業価値を高めてきました。

　グローバルブランド戦略などを行っているアメリカの企業Siegel ＋ Gale(シーゲル＋ゲール）は、世界中の消費者の調査に基づくGlobal Brand Simplicity Index™(グローバルブランドシンプリシティインデックス）の調査結果を2017年に発表しました。この調査の結果は以下のとおりでした。

・消費者の64％は、よりシンプルな体験にもっとお金を払っても構わないと思っている。

・消費者の61％は、シンプルなブランドを人に推奨する可能性が高くなる。

　多くの情報に触れる機会の多い現代では、あまりにもたくさんの情報を処理しなければならず、消費者は疲弊しています。だからこそ、シンプルを心掛けることで消費者に良い印象を与えることができ、受け入れられるのです。

　このことは資料でも同じことがいえます。複雑でたくさんの情報が詰め込まれた資料よりも、整理され伝えたいことが明確になっている資料のほうが、読み手にとって素晴らしい体験を提供することができるのです。

シンプルすぎる資料はトークスキルが必要になる

　資料をシンプルにすると聞くと、スティーブ・ジョブズのプレゼンスライドを想像される方もいるかもしれません。ジョブズのプレゼンスライドはとてもシンプ

ルです。「Smartphone」や「Revolutionary UI」など大きく一言だけ書かれた
スライド（正確には小さな文字でもう少し情報が書かれている）を表示させなが
らプレゼンテーションします。

　しかし、このプレゼンテーションを真似しろと言われてもかなりハードルが高
いでしょう。なぜなら、相当なトークスキルが必要になってくるからです。

　ジョブズはプレゼンテーションのリハーサルに、相当な時間をかけて臨んだと
いわれていますが、スライドに一言だけのプレゼンテーションでは、トークの間
や抑揚、身振り手振り、表情など多くのスキルが求められます。

　たいていの人は（もちろん私も含めて）かなりの訓練をしないと人前でうまく
話すことはできないと思います。それは聴衆が1人でも100人でも同じです。

　ですから、トークスキルに頼らなくても、相手に伝えることのできる資料が必
要であり、そのためには、ある程度情報が書き込まれた資料が必要になってきます。

　つまり、プレゼンテーションに相当慣れた方は別としても、シンプルな資料と
いうのは、たった一言だけ書かれた資料ではないということを覚えておいてくだ
さい。

空気をパワフルに清浄

ジョブズのような一言だけスライド

空気を
パワフルに清浄

赤ちゃんがいる家庭では
部屋の空気をキレイにしておきたいもの。

ある程度情報量のあるスライド

シンプルは簡素と同じ意味ではない

シンプルの本当の意味

　いきなりですが、次の図の中に●はいくつありますか？

数えられましたか？　そうです。答えは8個です。

バカにするな、と怒らないでくださいね。それでは、今度はこちらの図の中の
●はいくつでしょうか？

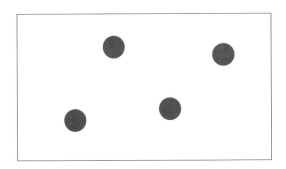

答えは4個ですね。

最初の図で●を数えるよりも、2つ目の図のほうが簡単に●を数えられません
でしたか？　おそらく、最初の図は1個ずつ数えていったと思いますが、2つ目の図
では見た瞬間に●が4個だと数えられたのではないでしょうか。

そうです。それこそがシンプルの最大の強みなのです……と言いたいところで
すが、それは正しい答えではありません。

もちろん情報を少なくして、相手に短い時間で理解してもらうことは大切です
し、それもシンプルの持つチカラの1つです。

繰り返しになりますが、シンプルにすることの目的は、情報を少なくすること
ではなく、相手に理解してもらいやすくすることです。少なくすることだけを目

的にすると、受け手に本当に理解してもらえる資料を作ることはできません。

　最初にお伝えした地図の話を思い出してください。資料制作は地図を教えるようなものだとお伝えしました。あなたの自宅までの道順を、余計な情報を省いてわかりやすく説明することで、道に迷わずたどり着くことができます。でも反対に、情報を省きすぎると、わかりにくい説明になってしまいます。

　例えば「駅を降りて5つ目の十字路を右に曲がって、4つ目の信号を左に曲がる」と余計な情報を一切省いて教えられるよりも、「駅を降りてコンビニエンスストアがある5つ目の十字路を右に曲がって、4つ目の信号の所にガソリンスタンドがあるからそこを左に曲がる」と目印も一緒に教えてもらったほうがわかりやすくなります。

　説明を簡素化しすぎると、理解はできてもわかりにくくなってしまうので、多少伝える情報が多くなっても、「コンビニエンスストア」や「ガソリンスタンド」といった印象に残るキーワードを盛り込むことで、直感的に理解できる説明になります。

　ですから、シンプルにするということは、むやみに情報を削って少なくするということではないのです。

シンプルにすることの注意点

　シンプルな資料を目指していると、感情が伴わない無機質な内容になってしまうことがあります。無駄を削ろうとしすぎたばかりに、事実だけを列挙した資料になってしまうのですが、事実だけが書かれた資料は決して良い資料とはいえません。なぜなら、私たちは事実だけを伝えられても心が動かないからです。

　例えば、職場の壁に貼ってあるポスターを想像してみてください。
「時間を守って行動することで全体の規律が守られ、仕事の生産性が高まるので、必ず時間を守りましょう」
　このように書かれていたら、もしかしたら、「自分たちはロボットじゃない！」「すべてが時間通りにいくはずがない！」と怒り出すかもしれません。

では次のようなポスターはどうでしょうか？

「時間を守って行動することで全体の規律が守られ、仕事の生産性が高まるので、いつもより早く帰宅できます」

と書かれていたら、頑張ろうという気持ちが湧いてくるかもしれません。

このように、ほんの少しでも相手の感情に触れる言葉を足してあげるだけで、読み手の行動を変えることができるのです。なぜなら**私たちは、論理的思考だけではなく、感情で物事を判断しているからです。**

脳科学の分野では、脳の中にある扁桃体という部分が、人の感情をコントロールしているといわれています。ある実験では、扁桃体の働きを制限させると、感情がうまくコントロールできなくなり、物事を決められなくなったという結果が報告されています。

つまり、内容を削りすぎて事実だけを伝えると、相手の感情を動かすことができず、資料の目的を達成することができなくなってしまうので、感情を刺激して目的を達成することを前提に資料制作する必要があります。

シンプルにすることは時間がかかる

私は会社員時代、「シンプル＝簡素」だと勘違いしていました。提案書を制作する際、「シンプルなデザインで」と指示されると、「簡単なもの」と捉えて、特に深く考察することもなく、簡素なデザインの提案書を制作していました。

しかし、今振り返れば、あれは「シンプル」ではなく、「手抜き」だったといえます。

複雑さの手前にあるシンプルさなど、どうでもいいが、複雑さを越えた先にあるシンプルさなら、是が非でもほしい。

オリバー・ウェンデル・ホームズ（アメリカの作家、医学者）

シンプルとは、最初から何も付け加えず、手を抜いてできるものではありません。いくつかの段階を踏んで、余計なものが何ひとつなく、これ以上加えても削って

も成り立たないといったギリギリのバランスを保った状態をシンプルと呼ぶのです。

　資料をシンプルにして相手に伝えやすくすることは、簡単なことではありません。でも一度シンプルな資料を作るコツを手に入れてしまえば、あなたに素晴らしい結果をもたらしてくれます。そのために、次項からシンプルにするための具体的な方法についてお伝えしていきます。

シンプルな資料を手に入れる

資料をシンプルにするための5つのステップ

　シンプルにすることは簡単ではありませんが、手順を踏んでいけば誰でもシンプルにすることができます。そのためには5つのステップを実行していく必要があります。

1. ターゲットの解像度を上げる
2. すべての情報を書き出す
3. 無駄を削ぎ落とす
4. 具体的にする
5. 情報を凝縮する

　どのステップもとても大切なことなので、順番に説明していきます。

1. ターゲットの解像度を上げる

　シンプルな資料を制作するためには、まずはどんなターゲット（相手）に対して資料を見せようとしているのかを明確にしましょう。
　社内向け資料の場合には、直属の上司なのか、部署のトップなのか、または新入社員に向けてなのか、ターゲットによって資料で伝える内容が多少変わってきます。

　例えば、事業改善の提案を進めている場合、部署のトップに初めて報告するのであれば、これまでの経緯も交えた資料を制作する必要がありますが、直属の上司であれば、これまでの経緯を省いていきなり本題に入っても問題はないでしょう。このようにターゲットが定まっていれば、ターゲットに対して最適な資料を制作することができます。

　社外向け資料の場合も同じように、ターゲットをできるだけ特定する必要があります。マーケティング用語で、「ペルソナ」という言葉を聞いたことがあるかもしれません。「ペルソナ」とは、商品やサービスを利用する架空の人物像のことです。住所や年齢、年収、趣味、家族構成、職業、勤務先、役職、よく読む雑誌などパーソナルな情報を架空で設定し、その架空の人物に向けて広告のメッセージを考えたり、デザインを考えたりする方法です。人物像が具体的になればなるほど、ターゲットに刺さるメッセージやデザインを作ることができるため、良い反応を得ることができます。

　「今よりもう少し痩せたいと思っているあなた、ダイエットをしませんか」と言われるよりも、「何度もダイエットに挫折して自信を失っているあなた、これで最後のダイエットにしませんか」と言われたほうが、ダイエットに挫折したことのある人にとって「自分のことを言っている！」と共感することができ、より深くメッセージが刺さります。

　この「ペルソナ」を設定するという方法は、多くのコンサルタントやセールスライターが推奨しているので、ターゲットを設定する際に効果的ですが、資料制作のターゲットを設定するうえでは、ここまで細かく設定する必要はありません。それよりも大切なことは、ターゲットの現在の状況を想定することです。

　例えば、あなたがオンライン営業ツールを販売していたとして、営業する相手企業（ターゲット）を「これからオンラインでの営業ツールを導入しようとしている」と設定したとします。しかし、これではなぜ、導入しようとしているのか、何に困っているのかがわかりませんよね。つまり設定が具体的ではないので、資料で伝えるメッセージも弱いものになってしまいます。

もう少し具体的に状況を設定するとしたら、「これまで対面営業がメインだった企業だが、それが難しくなり、オンラインでの営業に切り替えて顧客にアプローチしたい。ただ、相手企業は古い体質の企業が多いので、アカウントを作ってもらったり、ログインしてもらったりするような面倒はかけたくない」というように、ターゲットの状況を考え、設定することで、資料で伝えるメッセージも「誰でもワンクリックで接続できる。相手に負担をかけないオンライン営業ツール」と具体的なメッセージを届けることができます。

誰でも使える オンライン営業ツール	誰でも ワンクリックで接続できる 相手に負担をかけない オンライン営業ツール

ターゲットが明確ではないと
メッセージが弱くなる

ターゲットが明確だと
メッセージが具体的になる

　事前に「相手が何を求めているのか」がわかればいいのですが、そうはいかない場合や、不特定多数に向けて資料を制作する場合には、ターゲットを絞ることは難しいと思われるかもしれません。ただ、それでも、状況をしっかりと想定してターゲットを絞るようにしましょう。

　私はプレゼン資料の制作代行サービスをしていますが、このサービスのメインターゲットは「自分で作っても資料がわかりにくかったり、かっこ悪かったりする。もっと相手に理解してもらい、価値が伝わるシンプルでキレイな資料を求めている」お客様です。
「ただ資料をキレイにブラッシュアップしてもらいたい」というお客様はターゲットに入っていません。
　実は、以前は多くのお客様に利用してもらえるように、幅広いお客様に向けたメッセージを弊社Webサイトで発信していたのですが、お問い合わせいただけることが少なく、良い結果を得られませんでした。

　誰にでも当てはまるようなメッセージは、普遍的で魅力がなく、結局誰にも受け入れてもらえません。それよりも勇気を持ってターゲットを絞ることで、相手に刺さるメッセージを発信することができるのです。

　ですから、ターゲットを設定する際には、しっかりとターゲットの状況を想定しましょう。

2.全ての情報を書き出す

　ターゲットが想定できたら、次は資料に必要だと思える情報をすべて書き出していきます。最初から簡単に、少ない情報だけで構成しようとすると、本当は説明したほうがいい内容などが抜けてしまい、結果的にわかりにくい資料になったり、説明が足りない資料になったりして、本当の価値を伝えることができなくなってしまいます。

　ですから、資料に必要だと思える情報をすべて書き出すことから始めましょう。

　また、このとき集める情報は文字情報だけではなく、グラフや表なども集めておくと、後々、制作時に役立ちます。

　この時点ではあまり深く考えず、思いつく限りの情報を書き出します。先程の地図の例で言えば、まずは駅から自宅までの道のりで目印となりそうな建物や、お店、信号機、交差点名、大まかな距離、向かうべき方角、所要時間、街路樹の有無などを書き出します。

　資料に必要そうな情報をすべて書き出すと言われても、どんな情報が必要なのか迷ってしまうかもしれません。当然ですが、書き出す情報は資料の役割によって変わってきます。例えば、社外向け資料と社内向け資料では、達成したい目的やターゲットが変わってくるので、必要な情報も変わってきます。

　もしも、どんな情報を書き出せばいいのかわからない、と悩んでしまう場合には、次のページのリスト表を参考にして必要な情報を書き出してみてください。

社外向け資料（商品・サービスの販売）

- ・お客様が悩んでいることは何か？
- ・その悩みを解決できることを提示
  （商品・サービスの紹介）
- ・商品・サービスの特徴
- ・商品・サービスの機能
- ・商品の材質・材料
- ・他社製品との違い
- ・商品・サービスを使用することで、
  お客様が得られるメリット
- ・なぜこの商品・サービスはその
  メリットを与えることができるのか？

- ・自己紹介
- ・科学的根拠
- ・お客様の口コミや使った感想
- ・著名な人の推薦
- ・商品・サービスの使い方
- ・商品・サービスを使い始める際の
  ステップ
- ・よくある質問
- ・費用
- ・保証

社外向け資料（戦略提案）

- ・企業の経営理念
- ・現在の企業（ビジネス）の状況
- ・市場分析と課題抽出
- ・目指すべき目標
- ・ビジネスモデルの提案
- ・社会に与える価値
- ・想定顧客像
- ・顧客に与えるメリット
- ・競合他社分析（事例等）
- ・需要見込
- ・商品・サービスの具体的提案

- ・商品・サービスの特徴
- ・商品・サービスの機能
- ・商品・サービスの価格戦略
- ・流通・営業戦略
- ・戦略目標
- ・中長期目標
- ・収支計画
- ・実行ステップ
- ・生産体制
- ・予想されるリスクや課題

社内向け資料（企画提案）

- ・企画の概要
- ・企画立案の背景
- ・顧客分析
- ・市場分析
- ・自社調査
- ・競合調査
- ・企画の目的

- ・企画コンセプト
- ・企画詳細
- ・目標設定
- ・スケジュール
- ・概算費用
- ・プロジェクト体制

社内向け資料（課題解決）

- ・現状の課題
- ・課題の原因
- ・課題解決に必要なこと
- ・今回提案する解決策
- ・具体的な提案内容
- ・期待される効果

- ・他社の事例
- ・他社にない強み
- ・予算計画
- ・プロジェクト体制
- ・スケジュール

たくさんの情報を書き出していく中で、「これは必要なさそう」と思えるものもあるかもしれません。しかし、頭の中で整理するよりも、書いてから整理するほうが客観的に判断することができるので、頭の中だけで判断せず、書き出すことをオススメします。ポイントは最初から資料を簡単に作ろうとして、手抜きをしないことです。

【高村式情報の書き出し方】

　私はまず、大まかな構成を決めます（構成方法については3章・4章参照）。そして構成に沿って、様々な情報を集めていきます。下図のように1枚の用紙に1つのテーマを決めて、そこにたくさんの情報を書き出していきます。このように集めた情報をテーマごとにグルーピングしておかないと、後で整理が大変なので、必ず大きなテーマを決めてそこに文章情報やそれに付随するグラフ情報、または引用できそうなPDFなどを貼り付けておきます。

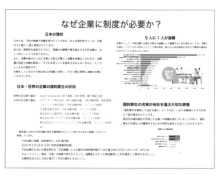

1ページに1テーマで情報を集める

3.無駄を削ぎ落とす

　あなたは、これまで時間をかけて集めた情報をすべて平等に扱うべきでしょうか？

　きっとそんなことはありませんよね。重要な情報もあれば、あまり重要ではない情報もあるはずです。そしてあまり重要ではない情報はわざわざ相手に伝える必要はありません。価値は100％伝える必要がありますが、内容を100％伝える必要はないのです。

　ここで気をつけていただきたいのが、**必要な情報というのは、あなたにとって必要な情報ではなく、相手にとって必要な情報**だということです。

　もしかしたら、あなたやあなたの所属する会社にとって、自社の歴史というものはとても重要な情報かもしれません。創業者の偉大な功績はとても大切かもしれません。しかし、それは相手にとって本当に必要な情報でしょうか？

　相手は、あなたが提供するサービスがどれだけ自分にとって有益なのかを知りたいだけで、あなたの会社の歴史などにはまったく興味がないかもしれません。

　だからこそ、「これは相手にとって必要な情報か」ということを常に選択の軸にしながら、情報の取捨選択を行っていかなければいけません。相手が知りたがっている情報、相手が喜ぶ情報、相手が驚く情報を伝えるようにしてください。

　例えば、あなたが「ビジネスオンライン会議ツール」というサービスをある企業に売り込むとします。このオンライン会議ツールには以下の特徴があります。

・**1,000人まで同時利用可能**
・**月額コストが業界最安値**
・**自動補正で美肌に映る**
・**画面共有したときに話し手の顔が見やすいレイアウト**

　この中で伝えなくてもいい情報はどれでしょうか？　それともすべてを伝えるべきでしょうか？　正解は相手（ターゲット）によりますよね。

　もし、相手が社員600人ほどの会社で、定期的に社長の話を社員に対してオンラインで伝えるのであれば、「1,000人まで同時利用可能」は伝えるべきですし、「美肌に映ること」は伝えなくてもいいですよね。

　また、相手が社員30人ほどの化粧品メーカーで女性社員が多く、社内会議で使うことが目的であれば「美肌に映ること」は伝えるべきですし、「1,000人まで同時利用可能」は伝えなくてもいいでしょう。

ステップ1でターゲットを設定することで、相手にとって必要な情報と必要ではない情報を見つけ出すことができます。もし、情報の取捨選択に迷ってしまったら、「相手にとってそれは本当に必要か」ということを思い出してください。

　それでも情報を捨てるということがうまくできない場合には、次の3つの方法をオススメします。
❶ 時間を制限する
❷ 文字量を制限する
❸ その情報をいくらで買いたいと思うか

【❶時間を制限する】

　時間を制限する方法は資料全体のボリュームを整理する際に有効です。
　例えばプレゼンテーションでは多くの場合、時間が30分や60分と決まっています。営業でお客様のところに訪問する場合にも無限に時間を使っていいわけではありません。だいたいの時間は決まってくると思います。そして資料を制作する際にはその時間内に収まるように制作しているはずです。
　もしも今の資料を使って説明する時間が35分かかっている場合、そこから「3分マイナス」して32分で説明するとしたら、資料内にあるどの情報を削るでしょうか？　そして実際に削ってみても、資料で伝えたいことが何ひとつ損なわれないのであれば、その情報はいらない情報だったということです。

　ただし、すでにお伝えしましたが、シンプルにするということは、ただ少なくすることではありません。必要ではない情報を見つけ出し削ることです。どうしても削る情報が見えてこないという場合には、無理に見つけ出す必要はありません。もっとも避けなければいけないのは、情報を削りすぎて、あなたの提案の価値が伝わらなくなることなのですから。

【❷文字量を制限する】

　この方法は営業資料など、ある程度情報量が多い資料に効果的です。次の図の資料は営業資料ですが情報量が多く、すべてを読みたいと思えませんよね。

サービス内容

ホームページ制作

インターネットが発達した現代では、ユーザーは多くのサイトにアクセスすることが可能で、様々なサイトと比較して選択します。そのため、御社の特徴や他社との違いを明確に打ち出す必要があります。さらに、ユーザーはWebサイトにアクセスして一瞬でそのサイトの印象を決めるため、高品質なデザイン・ライティングが必要になります。弊社ではプロのデザイナーが御社にあったサイトを制作します。

Web広告ページ制作

Web広告は一度作って終わりという単純なものではありません。広告を出稿してから、アクセスやコンバージョンの反応を調査して、クリエイティブやコピーなどの調整を行っていき、徐々に正解を導き出し、最終的に費用対効果の高い広告ページが出来上がります。そのためには、制作するだけではなく、成果が出るまで一緒に走り続けるパートナーが必要です。弊社は御社のパートナーになります。

ECサイト制作

弊社では、自社でECサイトを運用している実績があり、その他にも多くの企業様のECサイトを制作しています。またECサイトを最初から立ち上げようとすると多くの費用がかかりますが、あらかじめ用意したテンプレートに沿って制作することでコストを大幅に削減することができます。誰でも簡単に管理画面を操作することができ、カートシステムまで一元管理することができますので運用が容易です。

求人サイト制作

求人広告代理店や人材紹介サイトに登録していても良い人材が取れないばかりではなく、採用コストも高いので、自社で運用したい場合におすすめです。ですが、求人サイトを作るためには、多くの労力を必要とします。さらにただ作っただけでは人を集めることはできません。弊社の提供するサービスでしたら、採用コストを抑えながらも、自社で運用することができ、サポートも弊社で行うので安心です。

情報がたくさん詰め込まれていて読みづらい文章

こういった資料の文章を削るためには、強制的に行数を制限すると効果的です。

これはとてもシンプルな方法で、例えば、今ある文章が9行あったとしたら、それを4行に減らすにはどの文章を削るのかという方法です。もちろん、削ることが目的ではなく、情報を整理することが目的なので、4行に減らすといっても実際には6行になったり7行になったりしても構いません。

サービス内容

ホームページ制作

ユーザーに対して、直感的に好印象を与えるデザインと文章で御社の特徴や強みを明確に伝えます。御社の価値を十分に伝えることで、ただのHPではなく、集客できるHPを制作します。

Web広告ページ制作

広告を出稿してからも、アクセスやコンバージョンの反応を調査して、クリエイティブやコピーなどの調整を行っていき、費用対効果の高い広告ページを制作します。

ECサイト制作

自社でのECサイト運用や、多くの企業様のECサイト制作実績があります。テンプレートに沿って制作することでコストを大幅に削減し、シンプルな管理画面とカートシステムで運用が容易です。

求人サイト制作

求人サイトはただ作っただけでは人を集めることはできません。弊社の提供するサービスでしたら、採用コストを抑えながらも、自社で運用することができ、サポートも弊社で行うので安心です。

4行以内に収めることを目指して、不要な情報を削り、
読みやすくなった文章

【❸その情報をいくらで買いたいと思うか】

　情報を捨てられない人は、「自分でもその情報はいらないと感じているけど、一応伝えておいたほうがいいかも」といった心配症の傾向がある人です。例えば、何年も着ていないコートや過去のメモ帳など「もしかしたらいつか使うかも」と心配になり、捨てられないように、情報もいざ捨てるとなるとためらってしまうのです。

　これを行動経済学で**損失回避バイアス**といいます。「もったいない」「いつか必要になるかも」という背景には「損をしたくない」という心理が働き、一度所有すると手放すことが難しくなる傾向のことをいいます。

　資料を作り始めるとき、最初に情報をたくさん集めることが必要だと説明しましたが、実は情報をたくさん集めることによる弊害もあります。それが、損失回避バイアスによる、情報の取捨選択ができないということです。「せっかく集めたのにもったいない」「時間をかけて手に入れた情報だから捨てられない」。このように情報自体の価値が判断基準になるのではなく、それまでに自分が投資した時間や労力に価値を感じてしまい、正常な判断ができなくなってしまうのです。読み手からしたら、あなたがどれだけ時間をかけたとか、どれだけ苦労したとかは関係ありません。読みやすくてわかりやすく、簡単に理解できる資料であることを望んでいますが、作り手のあなたはどうしても、集めた情報を捨てることが、損をした気分になってしまうのです。

　この事態を回避するために、『エッセンシャル思考』という書籍に書かれている方法を紹介したいと思います。

「どれくらいの価値があるのか？」と考えるかわりに、「まだこれを持っていないとしたら、手に入れるのにいくら払うか？」と考えるのだ。
仕事やその他の活動でも、同じテクニックが使える。たとえば思わぬチャンスが舞い込んできたとき、「このチャンスを逃したらどう感じるか？」と考えるかわりに、「もしもまだこのチャンスが手に入っていなかったら、手に入れるために

どれだけのコストを払うのか？」と考えるのだ。

『エッセンシャル思考 最少の時間で成果を最大にする』

（グレッグ・マキューン＝著、高橋璃子＝訳）かんき出版

　今、資料を制作しているあなたの目の前に「A」という情報と「B」という情報を持ったX氏が現れ、こう言ったとします。

「この2つの情報を、あなたはいくらで買いますか？」

　あなたはそれらの情報をお金を払ってでも手に入れたいと思うでしょうか？それとも「A」はお金を払ってでも手に入れたいけど、「B」にはわざわざお金を払う価値はないと感じるでしょうか？

　わざわざお金を払って手に入れる必要のない情報なのであれば、それは資料に入れる必要のない情報です。このときも判断基準は、あなたにとって必要な情報ではなく、相手にとって必要な情報ですので、もしも情報の取捨選択に困ったら、お金を払うか払わないかという視点で考えてみてください。

　無駄な部分を削ぎ落とすというのは、「脂肪」を落とすようなものです。例えば、ボクサーの身体を思い浮かべてください。極限まで脂肪が落とされ、鍛え抜かれた身体により、シャープで強力なパンチを打つことができます。資料も同じことです。脂肪のついたメタボリックな資料では、強力なメッセージを打ち出すことが難しくなってしまいます。ですから、無駄を削ぎ落とすことが大切なのです。

4.具体的にする

　具体的にするというのは、シンプルにすることと正反対のことのように感じるかもしれませんが、シンプルにするためにはとても大切な要素です。

　多くの情報を集めて、そこから必要ではない情報を削ぎ落として、スッキリした資料を見直して「シンプルになった」と満足されるかもしれませんが、まだそれでは本当のシンプルになったとはいえません。

　なぜなら、あまりにも情報を簡潔にしてしまっては、相手に理解してもらえないからです。

例えば、あなたが今、映画を観ようと考えていたとします。そこで、映画に詳しい友人にオススメの映画を尋ねてみました。ただ、この友人は話が長いので、「簡潔に教えて欲しい」とお願いしました。

　するとその友人は「メジャーリーグの話の〝マネーボール〟という映画がオススメだよ」と教えてくれました。

　あなたは今の説明で、この映画を観たいと思うでしょうか？　おそらく観たいと思わないでしょう。なぜなら、あまりにも説明が簡潔すぎて、内容がまったく想像できないからです。

　それでは、もう少し具体的に「一番オススメは〝マネーボール〟だよ。これはブラッド・ピットが主演で、メジャーリーグで貧乏弱小球団がデータや統計学を用いて強豪チームへと変貌していくストーリーで、実際にあった話だからとても感動できるよ」と伝えられたらどうでしょうか？　最初の説明よりも内容が想像できるので、観てみたいと思えますよね。

　この例のように、無駄を省きつつ、具体性を意識し、相手が想像しやすくなる説明が本来のシンプルといえるのです。ただし、具体的な説明といっても、この作品の監督の名前や公開日、上映時間、興行収入までは伝える必要はありません。もしも相手が映画監督によって映画を判断する人であれば、監督の名前を伝える必要はありますが、そうではないなら伝える必要はありません。

5.情報を凝縮する

　資料には制限があります。それはA4サイズの紙なのか、16：9サイズのスライドなのかに関係なく、情報を入れられる範囲は決まっています。プレゼンテーションの時間や資料の枚数が決まっている場合もあります。とにかく、無限に情報を詰め込むことはできません。ですから情報を捨てる作業が必要になってくるのですが、ただ情報を捨てるだけでは、価値を十分に伝える資料にはなりません。**1つの言葉や1つの表現に、より大きな意味を持たせ、言いたいことを最大限かつシンプルに伝えられているか**、という点において神経を集中させ、文章を凝縮させる必要があります。

　例えば、「Webマーケティングの手法として、新商品や新サービスの販売促進に欠かすことができず、とても重要な役割を果たしているのが、Web広告などから訪れるユーザーが最初に見るランディングページやキャンペーンサイトです。」

　という文章があったとします。このままだと、とても冗長で読みにくいので、ここから無駄な文章を削ぎ落としていきます。

「Web上において新商品や新サービスの販売促進に欠かせないのが、ランディングページやキャンペーンサイトです。」

　無駄な部分を削ぎ落としてスッキリした文章になりました。でも、ここからさらにこの文章を魅力的な文章にするために凝縮させます。

「ランディングページはWebで新商品や新サービスを売るために必要不可欠です。」

　いかがでしょうか？　最初の文章より、かなりスッキリしたうえに、メッセージ性が強くなっていますよね。

「Web上において」という言い回しは「Webで」で十分に伝わります。
「新商品や新サービスの販売促進」という部分の、「販売促進」とは消費者の購買意欲を刺激し購入を促すために行う行為のことです。つまり「売るため」ということです。「販売促進」のように回りくどい言い方をするより「売る」といった言葉のほうがシンプルでわかりやすくなります。
「ランディングページやキャンペーンサイト」というのは、ほとんど同意義で、分ける必要もないので、「キャンペーンサイト」を削ってしまいます。
　さらに「必要不可欠」という言葉を最後に足すことでインパクトを与え、読み手に強い印象を与えます。

　私は資料を制作する際、1文字でも減らせないかと常に考えています。なぜなら読み手は1文字でも少ないほうが読む労力が減り、ストレスが軽減されるからです。そのためには、文字を削るだけではなく、他の伝え方や、他の言葉を探して最適な伝え方を資料に落とし込む努力が大切になってくるのです。

シンプルにするためのステップのまとめ

シンプルにするための5つのステップは以下のとおりです。

1 ターゲットの解像度を上げる
ターゲットの状況を想定する

▼

2 すべての情報を書き出す
資料制作に必要な情報をとにかく集める

▼

3 無駄を削ぎ落とす
相手にとって必要ではない情報を見つけ出し、捨てる

▼

4 具体的にする
シンプルとは簡素ではない、余計な説明がない状態のこと

▼

5 情報を凝縮する
ひとつの言葉やひとつの表現により大きな意味を持たせる

シンプルにすることは簡単ではありませんし、情報を捨てるためには勇気が必要です。

特に心配性の人や自信がない人は、より多くの情報を相手に与えたうえで、相手に理解してもらうことを委ねます。

でも、相手の能力や理解力に頼ろうとしないでください。もしもあなたの資料が理解してもらえないのだとしたら、それは相手が悪いのではなく、シンプルではない資料を制作したあなたのせいなのです。

決してシンプルにすることを恐れないでください。

単純はときには複雑よりも難しい。
単純にするためには思考に隙がないよう努力しなければならない。
しかし最終的にはその努力は報われる。なぜなら、いったんそこに行き着けば山をも動かすことができるからだ。

スティーブ・ジョブズ

第 2 章

直感的に伝わる
資料の基本ルール

資料の見た目を整えることは大切ですが、それだけでは、資料の役割を十分に発揮することができません。ですから、その前に、資料の内容をしっかりと考察する必要があります。

　ここでは、資料の読みやすさ、理解しやすさをさらに高めていくために、知っておいていただきたい基本ルールについてお伝えしていきます。

　プレゼン資料や営業資料はもちろんのこと、提案書や報告書、社内資料、計画書、指示書、会社案内、パンフレットなど、資料の目的は違っても基本となるルールは同じです。

　その基本というのは、冗長で複雑な言葉や専門用語を避け、読みやすく、理解しやすい言葉で構成された資料を制作することです。

　例えば、あなたがある製品の説明書作成を担当したとします。もしもその説明書が、専門用語やわかりにくい言葉で書かれていたらどうなるでしょうか？

　きっとユーザーから、製品に対するお問い合わせがたくさんくることでしょう。そのお問い合わせに対応する度に、人的コストがかかってしまい、本来対応すべき業務の生産性が下がってしまうかもしれません。ですから、どんな資料でも、相手が理解しやすい資料を制作する必要があるのです。

資料制作を始める前に

メインメッセージを考える

　資料を制作するとき、一番伝えたいメインとなるメッセージがなければ、何が言いたいのかわからない中途半端な資料になってしまいます。

　例えば、新しく開発された翻訳機の提案資料を作るとします。
　翻訳機を使いたいユーザーにとって一番重要なことは、「翻訳精度の高さ」と「使いやすさ」です。それなのに、「翻訳の他にも、国語辞書が豊富に入っている」「日本を代表する文学作品もたくさん収録されている」「童話も収録されている」「色

は全部で20色」など一度にたくさんのことを説明しても、相手は混乱してしまうだけです。

　もちろん豊富な機能や特徴を伝えることは必要です。しかし、それらの説明はあくまでも、メインメッセージを引き立てる脇役に過ぎません。

　それでは「メインメッセージ」とはどんなことを指すのでしょうか？
　それは、たった1分しか説明する時間がなかったとしたら、何を伝えようとするのか？　を考えれば見えてきます。限られた時間で一番伝えたいことが、あなたの資料における「メインメッセージ」になるのです。

　メインメッセージには以下の要素が含まれます。
・読み手にとってのメリット
・具体的な解決策
・他社（他商品）にはない独自性

【読み手にとってのメリット】

　読み手にとってのメリットとは、相手がその商品やサービスを使うことで、どんなメリットがあるのか、ということです。例えば、ブルーライトカットの眼鏡は、おしゃれでするのではなく、「パソコンやスマホを長時間見ても疲れなくする」というメリットがあるから購入するわけです。このように機能や特徴を伝えるのではなく、メリットを見つけることで、それがメインメッセージになります（読み手のメリットについては3章参照）。

【具体的な解決策】

　メインメッセージで具体的な解決策を伝えることで、その解決策にはどのような効果があるのか、どんな方法なのか、どのような根拠があるのか、などをスムーズに説明することができます。

　例えば、ダイエットに関するサービスを提供している場合、「好きなものを食べても、このストレッチを毎日5分やれば痩せる」という具体的な解決策がメインメッセージとなります。他に複雑な要素は必要ありません。

　会社の上司に新しい勤務管理システムの導入を提案する場合なら、「今まで勤務

管理に費やしてきた時間を45%削減することができ、業務効率が改善できる」が
メインメッセージになります。

　このように解決策、つまり、その資料で目指す目的を決めることで、目的に向かう一貫した資料を制作することができます。

【他社（他商品）にはない独自性】

　競合他社と比べて、あなたの商品・サービスでしか提供できない特徴があるのでしたら、それはメインメッセージになります。例えば、レストランで全額返金保証があるとしたら、他ではあまり提供できない独自性になりますので、メインメッセージとして伝えることができます。

　以上の「読み手のメリット」「解決策」「独自性」のどれかが、1分間で伝える内容に含まれているのでしたら、それは魅力的で強力なメインメッセージとなります。

　先程の翻訳機の場合でしたら、1分間の説明で「国語辞書が豊富に入っている」といった機能を説明することはないでしょう。その代わり、「翻訳精度が高く、ストレスなく使える」ことを説明するはずです。

　メインメッセージは、あなたの資料全体を貫く一貫した考え方です。ただし、広告のキャッチコピーのように短く、キャッチーな言葉を考えようとする必要はありません。退屈な言葉のように感じたとしても、誰でもわかる言葉で、わかりやすくストレートに伝えるようにしてください。

事前準備はパソコンと手書きのハイブリッド

　資料制作の時間を減らし、質の高い資料を作るためには、資料を作り始める前段階（準備）が大切です。そして、その前段階では、手書きとパソコンの両方をうまく使い分けることで、効率的に作業を進めることができます。

　1章でご説明しましたが、準備段階で1ページに1テーマを決めて、そこに必要だと思える情報を集めていきます。

　この1ページに1テーマを決めるときには、A4用紙を使って手書きで行うと効

率的に作業が進められます。

　構成を考える際に、いきなりPower PointやWordを開いて作業すると、どうしても1ページの内容に集中してしまい、資料全体を俯瞰して捉えることが難しくなります。そのため、最初の段階では、A4用紙に手書きで書いていくほうが、全体の構成をバランス良く確認することができます。

　方法としましては、A4用紙にいくつも四角形を描いて、各四角形に1つずつテーマを手書きで書き込んでいきます。

　資料全体の構成ができ、どのページに何のテーマを書き込むか決まりましたら、次はPower PointやWordを立ち上げて、テーマの数に応じた白紙ページを作成して、そこに具体的な内容を思いつく限り書き込んでいきます。

　このようにして、手書きとパソコンを上手に使い分けることで、資料全体の情報が整理しやすく、その後の作業がスムーズになります。

A4用紙に手書きで四角形を描き、そこに必要なテーマを書き込む。

Power PointまたはWordを開いて、テーマごとに1ページずつ白紙ページを作成していく。

1つのテーマに対して、必要だと思える情報を集めていく。このとき、キレイにレイアウトする必要はない。

資料制作の超基本ルール

誰でも理解できる言葉で伝える

「この資料でクライアント様に説明するおつもりですか？」

　私はお客様から手渡された資料を拝見して、思わず問いかけてしまいました。なぜなら、そこには、わざと難しくしているのかと思えるほど、多くの専門用語や横文字が並んでいたからです。

　あなたは今、体に不調を感じ、病院で診てもらうことになったとします。そのとき、専門用語ばかりで難解な説明をする医者と、素人でもわかるように簡単な言葉を使って説明する医者だったら、どちらに好意を持つでしょうか？

　資料ではどうですか？　難しい言葉や専門用語、聞き慣れない横文字が並んだ資料を見て、どう思いますか？　「すごく立派な資料だ」「よほど頭のいい人が作ったのだろう」と感銘を受けますか？　それとも「まったく意味がわからない」「バカにしている」と憤りを感じるでしょうか？

　これに対して、カーマイン・ガロは著書『驚異のストーリープレゼン』（日経BP社）の中で以下のように述べています。

一般に、難しい言葉、つまり、長々しくてもったいぶった言葉を使うほうが頭がいいと見てもらえると思いがちだ。だが、現実は逆である。頭がよく自信に満ちていると思ってもらいたければ、難しい言葉よりやさしい言葉を使うほうがいい。難しい言葉はいい印象を与えるものではなく、相手をいらつかせるだけである。

『ビジネスと人を動かす　驚異のストーリープレゼン 人生・仕事・世界を変えた37人の伝え方』カーマイン・ガロ＝著、井口耕二＝訳（日経BP社）

　資料で難しい言葉や専門用語を使ってしまう人には3つの原因が考えられます。

・**普段は簡単な言葉を使って話しているのに、資料となると身構えてしまい、とても難しい文章を書いてしまう。**

- 自分の権威性や専門性を誇示しようとして、難しい言葉や専門用語を多用してしまう。
- 「シンプル」を履き違えており、文章は短く簡潔に、という考えから、専門用語や横文字に頼ってしまう。

　例えば、Webサイトのトップページに記載するコピーを選ぶとき、「エンゲージメントマーケティングをサポート」と「消費者とブランドの関係性を構築し、より消費者とブランドのつながりを強めます」のどちらのほうが適していると思いますか？

　前者のほうが、文章が短くてスタイリッシュな感じがしますが、何が言いたいのかわかりません。少なくとも私は英語が苦手なのでよく理解できません。

　それよりも後者のほうが、確かに文章は長いですが、何を伝えようとしているのか理解できます。

　この例のように、言葉の響きや短さを尊重しすぎると、難しい表現になり、理解しにくい文章になってしまいます。元ソニー会長の出井伸之さんは、「**人に説明するとき、難しいことをいかに簡単に説明するか**」ということを心掛けたといいます。

　特に専門用語に関しては、自分の会社や業界、コミュニティの中では当たり前のように使われている言葉でも、一般ユーザーにはわからない言葉かもしれません。

　例えば、マーケティング業界の人でしたら「CVR」は「成約率」を指していることを知っていますし、建築現場で働く職人でしたら「ネコ」は動物ではなく「一輪車」のことだということを知っています。

　しかし、その業界を知らない人には通じない言葉かもしれませんので、十分に注意して、できる限り一般的に使われている言葉を選ぶようにしましょう。

　ただし、社内向け資料や学術的な発表の場面など、専門性や権威性を示す必要もあります。特別な技術などの話は専門用語を使うことで、信頼性が高まることもありますので、すべてを簡単な言葉で表現しなさい、ということではありません。

　バランスを考えて、ちゃんと理解してもらいたい箇所では、丁寧にわかりやすい言葉で説明することを心掛けてください。

相手に理解してもらえる、わかりやすい言葉を選ぶためには、「**何も知らない友人や家族に伝えても、ちゃんと理解してもらえるか**」という観点で資料を制作してみてください。あなたが制作した資料や選んだ言葉が、まったく関係のない人にも理解されるのだとしたらそれは、とても質の高い資料であるといえます。

コピーライターのジョン・ケープルズは「広告の文章を書く際には小学生に話すように伝えること」だと指摘していますし、テスラ創業者のイーロン・マスクも「新しい技術を消費者に説明する際には、小学6年生でもわかる言葉を使うこと」だと語っています。

米国ではPlain language（平易な言葉）といって、公的機関が発行する公式の出版物には、やさしい言葉を使用することが推奨されています。

米国政府はPlain language（平易な言葉）を導入してから、官公庁への問い合わせが減少し、誤解されることが少なくなったことで、訴訟されることが減ったといいます。

せっかく時間をかけて作成した資料も、理解してもらわなくては意味がありません。ですから多少文章が長くなったとしても、読み手に本当に理解してもらえる言葉を選択するようにしましょう。

言葉遣いを揃える

資料制作をしていると、丁寧語だったり、謙譲語だったり、体言止めだったりと言葉遣いや品詞が揃っていない文章の形になってしまうことがあります。とても細かいところかもしれませんが、読み進めていくうちに違和感を感じてしまいますので、修正が必要です。

全ての言葉遣いや品詞を揃える必要はありません。キャッチ文や見出し、本文、箇条書き、補足説明など、それぞれのカテゴリでしっかりと揃えることを意識してください。

資料を作り進めていくと、どうしても表現が揃っていない部分が出てきてしまいます。そのため、最初にルールを明確にして、「キャッチ文は体言止め」「本文

は丁寧語」など決めておくと、制作時に迷わなくて済むので、効率的に作業を進めることができます。

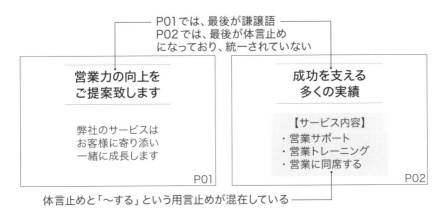

言葉遣いや品詞が統一されていない資料

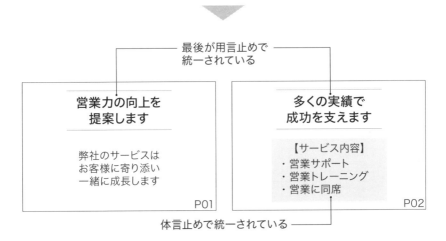

言葉遣いや品詞が統一されている資料

　資料においては「いたします」や「させていただく」のような謙譲語は、使わないほうがいいでしょう。謙譲語を使うと、文字数が多くなりますし、読み手も疲れてしまいます。丁寧に伝えたい、という気持ちはよくわかりますが、丁寧に伝えたいのであれば、言葉遣いよりも、読み手がわかりやすい内容にすることにこだわりましょう。

相手のイメージをサポートする

人は何か説明を受けたときに、自然と頭の中でその情景を想像します。

よく、小説が実写化されたときに、「えっ！　主人公は茶髪だったの？」「想像していたよりも大きな人だった！」といったイメージとの違いが出てきたりしますよね。自分では意識していなくても、実写化されたときに初めて、「自分はこれとは違うイメージを持っていた」と気づかされるわけです。

このように私たちは、自然と頭の中で想像してしまう性質があるので、商品やサービスの説明を受けているときに、それを購入した後の自分を想像することも当然のことだといえます。

そのため、**商品の説明をするときに購入した後のことを、具体的にイメージできるように伝えて、疑似体験させてあげる**ことで、商品の魅力がより伝わりやすくなります。

例えば、次のような表現はいかがでしょうか？
「こちらのトースターはスチームによる効果で、ふっくらとみずみずしく焼くことができ、朝から美味しいパンで1日を始めることができます。」

悪くはないですよね。朝から美味しいパンが食べられるところを想像してワクワクします。では、もっと具体的に情景を描写したらどうでしょうか？
「こちらのトースターはスチームによる効果で、表面はこんがりとしたきつね色でサクサク、一口食べれば中はしっとりとした食感で、パン本来の甘みが口に広がります。バターを添えれば、まるで高級ホテルの朝食のような芳醇な香りと幸福感で、忙しい朝も満たされた気持ちから始めることができます。」

いかがですか？　後者の説明のほうが、より詳しく頭の中で描写することができたのではないでしょうか。

それによって、このトースターを使っている朝の情景をリアルに感じることができたと思います。

なぜ、情景が浮かぶように詳しく説明する必要があるのかというと、想像してもらうことを相手に委ねてはいけないからです。

　人によって想像力やイメージする方向性が変わってしまいますので、本来伝えたいことを十分に伝えきれないかもしれません。具体的に描写することで、伝える側と受け取る側とでイメージが共有できるように努めるべきなのです。

　相手に想像してもらいやすくするコツは、結果をわかりやすく伝えるということです。例えば、ホームページ制作サービスを提案する資料でしたら、ホームページを制作することで、どんな良いことがあるのかを具体的に示してください。
「キレイなホームページを制作します。」
　これでは魅力が伝わりませんよね。

　では、次のような表現だったらどうでしょうか？
「集客できるホームページを制作することで、あなたの代わりに24時間営業活動をしてくれて、見込み客を集め、商品を販売してくれます。」
　これなら、ホームページを制作することで、どんなことが起きるのかを具体的に想像することができるので、もっと詳しく内容を知りたいと思えるはずです。

　相手にイメージしてもらいやすくするためには、難しい表現は使わず、「色・形・匂い・肌触り・味・音」などの五感や「嬉しい・楽しい・気持ちいい」などの感情を刺激できるように意識して、具体的に説明していきましょう。

読み手ファーストの資料

　私たちは子供の頃、相手の気持ちを考えることは大切だと教わってきましたが、資料作りでも相手の立場に立って制作することが大切です。
　相手の立場に立った資料とは、シンプルであり、難しい言葉を使わず、簡単に理解できる資料のことです。
　そして、「私（自分）」という一人称で語られているのではなく、「あなた」という二人称で語られている資料のことです。

「弊社（私）の商品はこんなに素晴らしいですよ」
「私が考えたこの提案は、他社とはまったく違いますよ」

このような説明をすることはよくありますし、間違っているわけではありません。あなたが提案しようとしているものをアピールすることは大切なことですから。

しかし、これがずっと続いたら読み手はどう感じるでしょうか？

「弊社のサービスはすごい」「弊社にはこんな歴史がある」「私はこれをオススメします」「弊社には……」「私の……」

少しうんざりしますよね。なぜなら自分のことしか語っていない印象を受け、独りよがりだと感じてしまうからです。これが二人称で書かれ、相手目線で作られた資料だと少し印象が変わります。

「あなたはこんなことで悩んでいませんか？」

「あなたにはこんなメリットがあります」

「あなたにとってオススメはこちらです」

二人称が多く使われた資料や説明は、読み手が主体となっているので、共感を生み出し、好感を持たれ、行動に移してもらいやすくなります。

もちろん、すべてを二人称で語る必要はありません。「私はこう思います！」と強い気持ちで伝える場面も必要です。ですから、力強いメッセージを発信しながらも、読み手ファーストの資料を目指してください。

自信を持って資料作りに臨む

「資料を作るうえで大切なことは、相手目線で作ることかもしれません。資料制作にデザインセンスは必要ないと思いますので、資料制作は誰でもできると思います。」

上記の文章を読んでいかがでしたか？　まったく魅力のない文章に感じませんでしたか？　なぜなら、「〜思います」が多用されているため、自信が感じられず、説得力に欠けるからです。

私は高校生の頃、富士薬品が展開するセイムスというドラッグストアでアルバイトをしていました。ある日、アルバイトをしていると、当時の富士薬品の社長が来店されるということが伝えられ、私はとても緊張していました。社長が店

舗に現れると、アルバイトも含めたスタッフが事務所に集められました。そこで、一人一言ずつ発言するように求められたのです。私は何を話したのかうろ覚えですが、確か「欠品を出さないように気をつけたいと思います」という内容の発言をしたような気がします。

　すると社長が「思います、は使うな！　します、と言い切れ！」と怒り出したのです。私はとてもびっくりして、その場では何が起きたのかちゃんと理解することはできませんでした。

　しかし、そのあとで少し冷静に考えてみると、「確かにそのとおりだ」と思ったのです。「〜だと思います」というのは自分の意志を伝えているようで、伝えていないのです。なぜなら**自分の発言に責任を取る勇気がないので、「多分」とか「思います」という言葉を使って逃げているだけ**だったからです。
「欠品を出さないように気をつけたいと思います」ではなく、「欠品を出さないようにします」と言い切ることで、そこに強い意志が生まれ、その決意が相手を納得させるのだと教えてもらいました。

　社内会議や上司への報告の場合、上司がとても怒りっぽい人だったり、怖い人だったりすると余計に自信を持つことができず、「〜だと思います」とか「多分、そうです」といった言葉を使いがちです。そしてこの自信のなさが、火に油を注ぐ結果となり、余計に上司を怒らせ、自分は萎縮してしまうという負のループへと入っていきます。

　例えば、「3％売上を上げる」という提案を上司にする際に、確実に約束することは難しいですよね。絶対に3％上がるという確証を得ることはできません。しかし、それでも、はっきりと言い切ることが大切だと私は考えています。
　超優秀な人材が揃ったマーケティング部署を持つ企業も、すべての商品をヒットさせることはできません。経験豊富な経営者が判断を間違えることもあります。投資の神様といわれるウォーレン・バフェットだって株式市場を正確に予測することはできません。

　どんな人でも正確に未来を予測することは難しいのです。ですから、多少の開

き直りが必要です。相手も言い切ってもらったほうが、気持ちが良いですし、信用できます。だから自信を持って言い切りましょう。

　それでも言い切ることに恐れがあるのでしたら、伝え方を変えるようにしてください。

　医者は、「必ず完治する」とは言いません。ただの骨折などでは、「治る」と言ってくれるかもしれませんが、難しい病症などの場合、「必ず」という言葉は使いません。

　なぜなら、難しい病症では100%は存在しないことを知っていますし、患者さんに過度な期待を持たせないようにしているからです。責任逃れだといえばそれまでですが、医者が完璧ではないことは医者自身が自覚しているのです。

　でも、自信なさげには伝えませんよね？

「多分……治ると思います……」なんて言われたら、絶対に他の病院を探します。治ることを確実に約束してくれなくても、「治りますか？」という質問に対して、「100%全力を尽くします」と強い言葉で言ってくれる医者に治療をお願いしたいですよね。

　上記の例では、実は論点が変わっています。

　最初は「治るか、治らないか」を質問していたのに、いつのまにか「全力を尽くすか、尽くさないか」に変わっています。

　正直なところ、全力を尽くすのは当たり前で、その先のことを約束して欲しいのですが、そんな疑問も吹き飛ばすほどの強さで発言されたら、信頼してしまいますよね。

　もしも、必ずできるという約束ができなくても、「絶対に不具合が出ないという約束はできませんが、もしも不具合が出た場合には必ずバックアップします」などと、確実に約束できる内容に対して、自信を持って伝えるようにしましょう。

何度も見直して資料の質を高める

　完成した資料を一度も見直さない、という人はあまりいないと思います。おそらくあなたも、資料を見直していると思います。なぜ見直すのかというと、誤字

や脱字、表現の間違いを探すためですよね。特に提案資料の場合、金額を間違えると大変なことになります。

　以前、金額のゼロが1つ少ない状態で、提案資料を提出してしまったという話を聞いたことがありますが、もし自分だったらと、考えただけでも冷や汗が出ます。

　このように、内容に不備のある資料を提案してしまうと、誤解を生んでしまったり、信用を失ってしまったりする場合があるので、必ず見直さなければいけません。

　なぜ、こんな当たり前のことをわざわざお伝えしているのかといいますと、皆さん見直しが足りないからです。

　特にチームではなく、一人で制作している場合、どうしても「自分が作ったのだから大丈夫」という思い込みから、間違いを見過ごしている可能性があります。**「絶対に間違いがあるはずだ」という気持ちで、資料を見直し、このときばかりは自分を信じてはいけません。**

　資料を見直すことは、間違いを見つけるだけが目的ではありません。見直すことで、資料の矛盾点や伝わりにくい部分も見つけ出すのです。

　資料を見直す場合には以下の点に注意して見直してみてください。

・**誤字脱字はないか**
・**わかりにくい表現や難しい言葉になっていないか**
・**具体的に説明しているか**
・**余計な要素はないか**
・**全体のストーリーがつながっているか**

　これまでにお伝えした内容をもとに、専門用語などの難しい言葉や、伝えたいことがシンプルになっているかといった点について、注意深く見直してみてください。

　さらに、資料全体を通して、急に話題が変わったり、話が前後したりしていないかを確認してください。もちろん、読み手にインパクトを与えるために、急に話を変えることもあるかと思います。

そういった狙いや目的がある場合はいいのですが、ページごとにまったく違う話になってしまうと、読み手は疲れてしまいます。

資料全体のつながりを確認する一番いい方法は、各ページの間に「そして、さらに、なぜなら、つまり、しかし」などの接続語を入れてみて、前後のページの意味がちゃんと通っているか確認してみることです。

接続語を入れて、違和感があるようなら順番を入れ替えたり、違う言い方にしたりして全体の流れがスムーズになるように調整します。

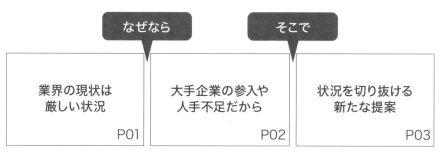

接続語を入れてつながりを確認する

資料を見直して、「まだ完璧ではないけど、十分意味は通る内容だし、疲れたからこれで完成にしよう」と思ってしまうこともあると思います。私も以前はそういった怠惰な気持ちになることがありました。しかし、そんなときには「本当にこれでいいのか？」と自分に質問してみてください。

「もしも、次の営業が失敗したら、会社が潰れてしまう。それでも今作った資料で営業に行くのか？」といったとても大げさな質問です。

おそらく本当にそのような状況になったとしたら、今の資料のまま完成にはしないと思います。ですから、「これで完成だ」と思ってからもう一度見直して、これ以上ないといえる資料を制作する習慣をつけましょう。

第 3 章

直感的に買いたい！を
引き出す
社外向け資料作成

プレゼンテーションや営業で使用する資料に、絶対に正しい構成というものは存在しません。なぜなら、扱っている商品やサービス、相手の状況、提案する状況など多くの要因によって、ベストな伝え方が変わってくるからです。

　それでも基本となる構成方法（SDS法、PREP法、FABE法など）はあります。しかし、種類が多くて、どれを活用すればよいのか迷ってしまいます。特に初めて資料を制作する人は、構成を選ぶだけでも多くの時間を使ってしまうかもしれません。

　でも、もう迷わなくて大丈夫です。資料制作の基本となる構成は大きく分けて「**社外向けの提案パターン**」か「**社内向けの報告パターン**」の2種類だけ覚えておけばいいからです。

　本章では「社外向けの提案パターン」を説明し、4章では「社内向けの報告パターン」について説明していきます。

　「社外向けの提案パターン（以下提案パターン）」は、商品・サービスの販売や、社外に向けての事業提案などに適した構成になります。この構成は相手の感情を刺激し、行動してもらうことを目的としています。

資料の基本は3幕構成

資料は起承転結では作れない

　起承転結という構成方法は、私たちにとって馴染みのある構成です。小学生の頃に書いた作文なども、起承転結を使って構成するように教えられました。

　起承転結とは多くの場合、物語や作文などで使われてきた構成のことを指します。
「起」：物語の始まり。
「承」：物語が進む。
「転」：物語が急展開する。
「結」：物語が終わる。

　例えば、新しい掃除機の提案資料を起承転結で構成してみましょう。

「起」: 新しい掃除機の発表。

「承」: 掃除機の機能や特徴を伝える。

「転」: 一般的な掃除機における問題点を伝える。

「結」: 各問題をクリアしていて、この掃除機を使った結果、幸せになる。

　新しい掃除機についての理解を徐々に深めてもらいながら「転」の部分で、一般的な掃除機のマイナス面やデメリットを伝えておき、お客さんの不安を顕在化させてから、「この掃除機ならその問題をクリアしていて、掃除が楽になる」といった説明になると思います。

　いかがでしょうか？　構成としては悪くなさそうですよね。しかし、この構成には問題点があります。

　映画や小説、広告チラシなどでは、観ている人を冒頭でひきつけなくてはいけません。資料も同じように、最初に読み手の興味をひかなくてはならないのです。そのためには、最初に「新しい掃除機が発売になりました」と伝えることは、読み手の興味をひくことができますが、そのあとの「承」の部分で、機能や特徴をたくさん伝えられても、あまり興味を持てません。なぜなら、私たちは機能や特徴を一番知りたいわけではないからです。

　それよりも、この新しい掃除機で、私たちの生活がどのように変わるのかを伝えることが必要です。つまり、読み手にとってのメリットを伝えてあげることで、この資料を読み進める価値があることを示すのです。つまり「起」の次は「結」になります。

　このように「起」の次に「結」を持ってくることで、すでに「起承転結」の構成は崩れてしまっています。ですから資料の構成としては「起承転結」は適していないのです。

　それでは、どんな構成方法が適しているのかといいますと、それは**「3幕構成」**になります。

資料を3幕構成にする理由

　古代ギリシャの哲学者であるアリストテレスは「物語は、始まり・中間・終わりの3幕で構成されている」と説明しています。

　落語も3部で構成されていますし、映画や舞台なども「設定」「対立」「解決」の3幕構成で成り立っているものが多いといわれています。

　物語は以下の3幕で構成されます。

1幕目: 現在の状況や目的、人物像などを把握してもらい、感情移入をさせることで、物語にひき込みます。

2幕目: 葛藤や対立を描き、物語を膨らませます。

3幕目: 結末や解決が描かれ、感情が最高潮に達します。

　資料の場合、少し考え方は違いますが構造は一緒です。

　最初に読み手の興味をひき、次に感情を刺激しながら納得させます。最後に感情を高めたところで相手に行動（商品であれば購入）してもらいます。

　一番重要なことは、物語も資料も、観客や読み手に変化を与えることです。

　良い物語とは、物語に触れることでそれまでの自分の考え方が変わったり、モノの見方が変わったりします。

　そして資料も、読み手の心境に変化を与えることで、提案を承認してもらったり、商品を買ってもらったりできる資料を目指すべきです。さらに、シンプルな資料を制作するためには、構成もシンプルな必要があるため、3幕構成が適しているのです。

　1つ気をつけていただきたいのが、3幕構成だからといって内容の分量をキレイに3等分する必要はありません。基本的には2幕目の分量がもっとも多くなります。ですから、無理やり内容を3等分しようとして余計な情報を入れたりすることは避けてくださいね。

提案パターンで必要な3つの構成要素

提案パターンは「導入」「提案」「行動喚起」の3つ

「提案パターン」の構成は「**導入**」「**提案**」「**行動喚起**」の3つです。構成は3つのみですが、中身はもう少し細分化されますので、これから説明していきます。

【提案パターンの全体の流れ】

【導入】		【提案】		【行動喚起】
1. 共感を得て読み手の心を掴む 2. 質問して興味をひく 3. 悩みの原因を具体的に説明する	▶	1. 読み手のメリットを伝える 2. 商品・サービスの内容を伝える 3. 機能・特徴を伝える 4. 根拠を伝える	▶	1. 価格を伝える 2. 最後には「まとめ」を伝える 3. とるべき行動を明確に伝える

提案パターン構成①「導入」

共感を得て読み手の心を掴む

　資料を制作する際に、資料の主役は誰でしょうか？　商品やサービス？　あなたの会社？　制作者であるあなた？　すべて違います。

　資料における主役は「読み手」なのです。ですから読み手を中心とした「**読み手ファーストな資料**」を目指してください。

　そのためには、資料の冒頭で、「この資料の主役はあなたですよ」ということを伝えて共感してもらい、一気に読み手をひき込む必要があるのです。

　共感を得るためには、読み手の具体的な悩みにフォーカスする必要があります。

例えば、コミュニケーション術を提案する資料の最初のメッセージを考えてみます。

「人間関係でお悩みのあなた」

　このメッセージはいかがでしょうか？　まあ、悪くはないですが、特に興味をひかれませんよね。

　では、こちらのメッセージはいかがでしょうか？

「職場で上司とうまくいかず、朝仕事に行くのが憂鬱なあなた」

　先程よりも、具体的になっています。もしも同じ境遇で悩んでいる人がいたら、とても興味をひかれますよね。このように、読み手の具体的な悩みに寄り添うことで、「自分にも同じ悩みがある」という共感を生み出し、より興味をひくことができるのです。

　他にも、「腰痛にお悩みの方」ではなく、「デスクワークで長時間座り続け、腰痛にお困りのあなた」のように、具体的な状況を特定しても、共感を得ることができます。

　読み手の共感を得るためには以下のポイントについて考えてみてください。

・相手はどんなことを心配しているのか？
・相手は何に悩んでいるのか？
・相手がイライラしている原因は何か？
・相手が解決したいことは何か？
・相手が諦めていることは何か？

　商品やサービスを提供するということは、何かしらの悩みや困っていることを解決する手段であることが多いので、どんな人の、どんな悩みに対して向けた資料なのかを明確にしましょう。

質問して興味をひく

　以下の2つのメッセージなら、どちらが続きを読みたいと思うでしょうか？

「社内コミュニケーションツールを導入して、生産性を向上する」

「なぜ、社内コミュニケーションツールを導入したら、生産性が向上するのか？」

おそらく2番目のメッセージのほうが続きを読みたくなったのではないでしょうか？　なぜなら、2番目のメッセージは質問形式になっているからです。

人は質問されると、あまり興味がない質問でも、答えを導き出そうと、なんとなく考えてしまいます。そしてこの「考えさせる」という行為が、関心を寄せることになり、資料の続きを読ませることに繋がります。

質問することは、読み手が抱えている悩みとあわせて使うこともできます。

例えば先程の「職場で上司とうまくいかず、朝仕事に行くのが憂鬱なあなた」というメッセージも、「職場で上司とうまくいかず、朝仕事に行くのが憂鬱になっていませんか？」と質問形式にすることで、「そういえば、同じ経験がある」と読み手がこれまで、あまり意識していなかった悩みを、顕在化させることもできます。

質問は非常に強力な最初の仕掛けになるので、ぜひ活用してみてください。

悩みの原因を具体的に説明する

読み手の悩みを特定したら、次にその具体的な原因を特定し、読み手を納得させます。

「職場で上司とうまくいかず、朝仕事に行くのが憂鬱」という悩みの場合、いくつかの原因が考えられます。

・与えられた仕事をきちんとやっていない

・上司に求めすぎている

・上司の人間性に問題がある

などの原因を特定してあげて、読み手が抱えている悩みにより深く寄り添い、改善すべき点を明らかにします。

ここまでが「提案パターン」の「導入」部分になります。「導入」ではとにかく読み手の興味をひくことに専念してください。

提案パターン構成②「提案」

読み手のメリットを伝える

　資料を制作するためには、様々な要素が必要になります。

・**商品・サービスの特徴**

・**豊富な機能**

・**競合他社との違い**

・**高い技術力**

　どれも大切な要素なのですが、もっとも大切な要素が「読み手のメリット」を伝えることです。読み手のメリットとは、その商品・サービスを使うことで、読み手が得られる未来のことです。

　よく使われるたとえですが、私たちは、「**ドリル自体が欲しいから、ドリルを買うのではなく、木の板に穴を開けたいからドリルを買う**」のです。

　ドリルの形が「かっこいい」とか、ドリルの回転が「1秒間に何回転」とかにはあまり興味はありません。そんなことよりも、どれだけ簡単にこの分厚い板に穴を開けることができるのかを知りたいのです。ですから、読み手にとってのメリットを伝えるなら「このドリルは女性でも簡単に50㎜の木の板に穴を開けられます」と伝えるべきだということです。

　例えば、栄養サプリメントは、栄養を補給するために飲むわけです。決してサプリメントの味が好きだとか、色がキレイだから、といった理由では飲みません。

　このように、ほとんどの商品・サービスではそれ自体に価値があるのではなく、「商品を使った結果（未来）」に価値があるので、お客さんは自分がそれを使ったときのこと、つまり未来を想像して商品を買うか買わないかを決めます。

　ですから、メリットを伝えることが大切なのです。素晴らしい機能を備えた商品では、優れた技術や高い機能性を多く語りがちになってしまいます。例えば、最新技術の詰まったノートパソコンはその代表例といえます。

今回、オススメする最新のノートパソコンは
CPU：第9世代の2.3GHz 8コア Intel Core i9 プロセッサ
メモリ：16GB 2,666MHz DDR4
ストレージ：512GB SSD
という高い技術力が詰まったノートパソコンになります。

　このように、スペックの説明をされても、詳しくない人にはさっぱりわかりませんから、興味をひかれることはありません。

　それよりも、このノートパソコンを手に入れることで、どのような未来が手に入るのかを伝えるようにします。

このノートパソコンはメモリ容量が16GBあるので、Excelを開きながら、インターネットで調べ物をしたり、Power Pointで資料を作ったりすることができ、どこにいてもストレスなく仕事に取り組むことができます。

　メリットを伝えてもらうことで、自分がこのノートパソコンを使っている未来を簡単に想像することができるので、より具体的にノートパソコンの魅力を感じることができます。

【メリットの見つけ方】

　もしかしたら、自分の商品・サービスのメリットを見つけ出すことが難しいと思う人もいるかもしれません。そのようなときには、どんどんと自問自答を繰り返してみましょう。

　あるサプリメントは1日分のビタミンCを簡単に摂取できることが大きな特徴だとします。その特徴から深掘りをしていき、どんな問題を解決できるのかを見つけ出します。

Ｑ：ビタミンＣを摂ることで、どんな効果がありますか？
「ビタミンＣを摂取することで、筋肉量減少などを予防できます。」

Ｑ：なぜ、筋肉量減少を予防する必要があるのですか？

「筋肉量が減少すると、身体を支えられなくなり、姿勢が悪くなっていきます。」

Q：姿勢が悪くなるとどうなりますか？
「腰痛を引き起こす可能性が高まります。」

　以上のように、具体的にその特徴はどんな問題を解決するのかを自問自答していきます。さらに、この問題が、どのような人にとって必要なのかを考えていきます。すると以下のようなメッセージを導き出すことができます。

「筋肉量が落ちてしまうと、姿勢がどんどん悪くなり、腰痛などを引き起こす可能性があります。そのため、あまり運動する機会のないデスクワークをしている人は、このサプリメントを飲むことで、筋肉量の減少を防ぎ、腰痛を和らげることができます」

　このように質問と回答を繰り返し、具体的に対象を絞っていくことで、その商品が提供できるメリットを見つけ出すことができます。
　特徴や機能だけを伝えて、説得するのではなく、メリットを伝えて納得してもらうようにしてください。

商品・サービスの内容を伝える

　メリットを伝えたら、それがどんな商品・サービスなのかを伝えます。ここでは、インパクトを与え、印象に残すため、商品の画像やサービスに関係する画像を使って、視覚に訴えかけるようにすると効果的です。

機能・特徴を伝える

　次にその商品・サービスにはどのような機能や特徴があるのかを伝えます。機能や特徴を資料の最初で伝えたいと考えるかもしれませんが、先に機能や特徴を伝えられても、「なんかよくわからない」と思われてしまいます。なぜなら、興味を持てていない状態で詳細を説明されても、あまり頭に入ってこないからです。

あなたがその商品の開発者の場合、「この商品はここがすごいんだぞ！」「こんな機能がついているんだぞ！」と熱が入ってしまうのはよくわかりますが、そこは少し我慢して、まずは読み手にとってのメリットを伝え、興味を持ってもらってから、具体的な機能や特徴について伝えるようにしましょう。さらには、商品・サービスの使い方などもここで伝えます。

機能や特徴がたくさんある場合、全てを伝えたほうがいいのか、それとも取捨選択したほうがいいのか、と悩むかもしれません。基本的には機能や特徴は全て伝えるべきだといえます。ただし、資料のページには物理的な制限がありますので、文字を小さくしてでも、1ページに全ての機能や特徴を書き込もうとしてしまうと、読み手ファーストの資料ではなくなってしまいます。

もしも2ページや3ページに分けてでも書き込みたいのでしたら、それでもいいですが、ページを分けるまでもないと判断したのでしたら、思い切って機能や特徴を減らしてみましょう。伝えることを少なくすることで、ひとつひとつの印象が強くなり、読み手の記憶に残りやすくなります。

機能や特徴も、ただ伝えるのではなく、それによってどんなメリットがあるのかを同時に伝えるとさらに魅力的な資料になります。例えば、ノートパソコンで「最軽量」という特徴があった場合、そのメリットは「持ち運びが楽」ですよね。ですから、このように特徴や機能とセットでメリットを提示するようにしましょう。

根拠を伝える

機能や特徴を伝えて、それで全てを信用してもらえるわけではありません。なぜなら、それには根拠がないからです。私たちはこれまでの経験から、商品・サービスの提供者全てが正直者ではないことを知っています。

嘘ではなかったとしても、多少、誇張して説明することも知っています。だからこそ、最高の商品だと宣伝されればされるほど疑ってしまうのです。

ビジネスをするうえで、もっとも大切なことは「信用」を獲得することです。信用がなければ、お客様にお金を払ってもらうことはできません。ですから、資

料でも信用を獲得するために努力する必要があります。

　あなたの提案する商品やサービスが信用できることを、もっとも簡単に証明できるのが、お客様の声です。例えばAmazonで買い物をするとき、口コミを見て判断した経験があるはずです。他にも、自宅近くの歯医者さんを探すときに、知人や家族から「あの歯医者さんよかったよ」と言われたら、それを信用して予約したことがあるかもしれません。

　もちろん、口コミを100%信用することはできません。サクラが口コミを書き込んでいる場合もありますし、自作自演で口コミを投稿しているかもしれません。しかし、それでも多くの企業が導入しているように、口コミには大きな効果があるので、ぜひ、お客様の声を集めて資料に載せるようにしましょう。

　口コミを載せる際には、できればお客様の顔写真や名前、あとは肩書きや手書きの感想を載せると、より信頼度が高まります。

　信用してもらう根拠は口コミの他にも、過去の実績や事例、受賞歴、科学的根拠、専門家の推薦文、有名人の推薦文などがありますので、読み手に信用してもらうために、できるだけ多くの客観的な根拠を資料に載せるようにしてください。

提案パターン構成③「行動喚起」

価格を伝える

　価格は最後の構成で伝えるようにします。なぜなら、もしも価格が他社商品と比べてそこまで安くない場合や、反対に高い場合には、最初のほうで価格を伝えてしまうと、そこで、読み手が興味を失ってしまうかもしれないからです。

　そのため、価格を伝えるまでに読み手の「欲しい」という気持ちを高めた状態にすることで「そこまで値段が安くないけど、買いたいな」と思わせることができます。

　ただし、価格が他社商品と比べて明らかに安く、価格で読み手にインパクトを

与えられるのであれば「提案」部分の最初のほうで伝えても問題ありません。

　価格を伝える際には、単体で価格を見せるよりも、他社商品と比較したり、他の業界と比較したりして、少しでも、お得に感じてもらえる工夫をしましょう。

　他の業界との比較というのは、例えば、ビジネス書が1冊5,000円したら高く感じますが、ビジネス関係のセミナーだったら1万円以上します。この価格差を利用して「本が1冊5,000円は高く感じますが、同じ内容のセミナーに出たら倍以上の費用がかかります。つまり半額でセミナーと同じ内容を学べるのです」といったように、ビジネス書同士で比べると高く感じるものも、少し対象をずらして、違う業界のものと比べることで安く感じてもらうことができます。

　もう1つ、よく使われているのが、1日計算に換算するというものです。1カ月分のサプリメントが2,800円だと高く感じますが、「1日たったの93円です」と言われると安く感じますよね。

　このように、価格も工夫次第で、相手に与える印象が変わってきます。

最後には「まとめ」を伝える

　ここまで、あなたの資料は順調に読み手の感情を刺激してきました。読み手があなたの商品・サービスを購入するまでもう少しです。

　もしかしたらあなたは、ここまで順番にすべてを伝えたのだから、読み手は完璧に理解してくれているだろう、と思っているかもしれません。しかし、それは大きな間違いです。読み手はいつだって、あなたの資料の一言一句を覚えるつもりはありません。

　だからこそ、最後にもう一度あなたの提案をまとめるページが必要になってくるのです。あなたの商品・サービスを使用することのメリットや特徴を最後にまとめてもう一度伝えてください。

　例えば、次の文章ではどんな印象を受けますか？

・彼は、無口だが仕事ができる

・彼は、仕事ができるが無口である

　前者では、「仕事ができる人」、後者では、「無口な人」といった印象を受けませんでしたか？

　これを心理学では「親近効果」といいます。アメリカの心理学者ノーマン・H・アンダーソン氏が提唱したもので「最後に提示された内容が記憶に残りやすく、後の判断に大きな影響を与える」という心理的効果のことです。

　ですから、最後に必ずもう一度、あなたの資料で一番伝えたいことを伝えるようにしましょう。

とるべき行動を明確に伝える

　プレゼン資料や営業資料の目的は、読み手に行動してもらうことです。行動とは、商品・サービスを購入してもらったり、お問い合わせしてもらったりすることです。ですから、必ず読み手の行動を促すメッセージが必要になってきます。

　プレゼンテーションだと行動を促すことができている人は多いですが、資料ではできていない人が多いように感じます。

　あなたが制作した資料で、最終的に読み手にとってもらいたい行動を明確に指示してください。商品・サービスを購入してもらいたいのか、お問い合わせをしてもらいたいのか、資料請求をしてもらいたいのか、サンプルを使ってもらいたいのか、様々な要求があると思いますが、資料の最後には必ず明記しましょう。

　また、行動を明記するだけではなく、〝どこに〟連絡をすればいいのかも明記すると、読み手のストレスが減ります。

　例えば、電話番号とFAX番号とメールアドレスとホームページのURLが併記されている場合、どこに連絡すればいいのか迷ってしまいます。もちろん、全ての連絡先を記載しておくことは問題ないのですが、その中でも「まずはお電話ください」や「ホームページよりお問い合わせください」のように、読み手がとるべき行動を明確にしましょう。

【提案パターンの資料制作例】

「動画制作ツールの営業」を例にして資料を構成しています。もっともシンプルなページで構成されたものになりますので、実際にはもう少しページ数は増えます。

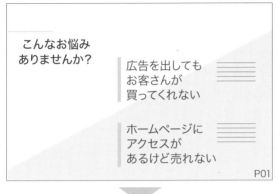

【導入】
共感を得て
読み手の心を掴む

読み手の悩みにフォーカスし、質問することで、読み手は自分のための資料であることを理解する。

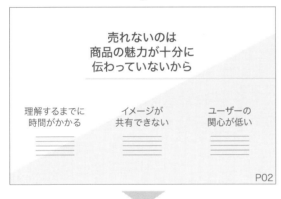

【導入】
悩みの原因を
具体的に説明する

「悩み」についての原因を特定し、改善すべき点を明らかにすることで、読み手はより具体的に今の状況を理解することができる。

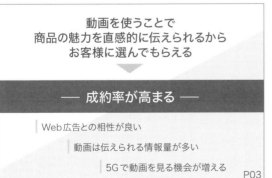

【提案】
読み手のメリットを伝える

この提案を受け入れることで、読み手にとってどのようなメリットがあり、どのような未来を手にすることができるのかを説明する。

【提案】
商品・サービスの内容を伝える

読み手の感情を高めていったところで、商品・サービスの内容を伝える。

インパクトが残るように画像を使うなど、工夫すること。

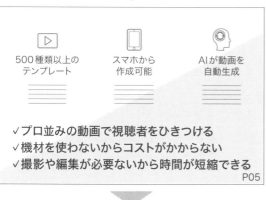

【提案】
機能・特徴を伝える

商品の具体的な内容や、機能・特徴を伝えるのだが、ただ伝えるのではなく、その機能や特徴にはどんなメリットがあるのかを同時に伝えること。

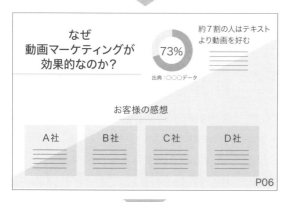

【提案】
根拠を伝える

信頼を得るために、メリットの根拠となるデータや信頼できる情報を示す。お客様の声でさらに信頼を獲得する。

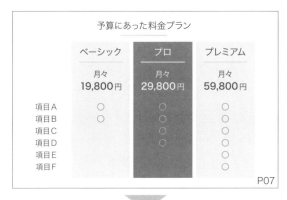

【行動喚起】
価格を伝える

各プランがある場合には、必ずオススメのプランが明確にわかるように工夫する。

【行動喚起】
最後には「まとめ」を伝える

メリットや商品・サービスの特徴などをまとめて、もう一度説明する。

【行動喚起】
とるべき行動を明確に伝える

資料を読み終えたあと、何をすればいいのかを明確に指示してあげる。

お試し期間などがある場合には明記し、行動しやすくする。

77

第 4 章

直感的にGoサインが出る
社内向け資料作成

社内向け資料とは、新しい事業の提案や業務改善報告など、社内で報告する際に使用する資料のことで、その際に活用してもらいたい構成が「**社内向けの報告パターン（以下報告パターン）**」です。

「報告パターン」では、「なぜ、その提案をするのか」「結果、どうなるのか」ということを順序立てて説明していくことが大切です。

　下記の２つの例文を読み比べてみてください。

【 例１ 】	【 例２ 】
「総務での仕事は好きですが、私はもともと人と接したりすることが好きで、自分から仕事をどんどん提案していきたいと思っています。ですから営業部へ異動させてください。」	「営業部へ異動させてください。総務での仕事は好きですが、私はもともと人と接したりすることが好きで、自分から仕事をどんどん提案していきたいと思っています。」

　この２つの例文は内容の順番を入れ替えただけですが、まったく印象が変わってきますよね。【例2】は【例1】より情熱を感じられますし、なぜそう思ったのか理由を聞きたくなります。

　このように、同じ内容でも、伝える順番で与える印象が変わってきますので、「報告パターン」の構成を参考に社内向け資料を作ってみてください。

報告パターンで必要な３つの構成要素

報告パターンは「問題」「解決」「結果」の3つ

　「報告パターン」の構成は「**問題**」「**解決**」「**結果**」の３つです。

　社内で報告する場合に、詳細までしっかり伝えようとすると、長くて何が言いたいのかよくわからない資料になってしまいがちです。

　もしかしたら、あなたも一度ぐらい、上司に「わかりにくい！」「結局何が言いたいの？」などと注意されたことがあるかもしれません。

　社内資料はすべての内容を資料内に落とし込んで説明する必要はありません。なぜなら、上司は時間がないので、すべてを事細かく把握したいと思っているわけではないからです。詳細などについて相手が疑問に思ったことは、後ほど説明できることが多いので、1回ですべてを細かく説明する必要はありません。

【報告パターンの全体の流れ】

【問題】	【解決】	【結果】
1.表紙のタイトルで期待感を与える 2.問題点を具体的に把握して伝える	1.解決案を複数案用意する 2.解決案の具体的な説明	1.どのような結果が見込めるのか 2.想定する結果の根拠 3.スケジュール・概算費用・体制など

報告パターン構成①「問題」

表紙のタイトルで期待感を与える

　社内向け資料では、最初のページで問題を提起して、そこから本題に入っていくのですが、実はその前にもう1つ大切なページがあります。それが表紙です。

　なぜ、表紙が大切なのかというと、ゴールが見えないまま、いきなり問題提起をされても、何を伝えようとしている資料なのか読み手は理解できないからです。読み手である上司は忙しい場合が多いですし、早く結論を知りたがっています。ですから、表紙で資料の目指すゴールを伝えてください。

　それでは、どのようなタイトルが報告パターンに最適なのかを考えてみましょう。あるアパレルショップで通販サイトを任されている事業部の提案を例に見てみます。

「通販サイトの今年度の状況と改善報告」

　上記のようなタイトルは社内向け資料ではよく目にするかもしれません。しかし、このタイトルで資料の中身をもっと詳しく知りたい、と思えるでしょうか。あ

まり興味をひかれませんし、もしかしたら資料のページをパラパラとめくって最後の「結果」の部分だけ読むかもしれません。

それではこちらのタイトルはいかがでしょうか?
「顧客満足度を高めリピート率を5%高める」
明確にゴールが示されており、この資料で何を伝えたいのかがすぐにわかりますよね。なぜ「リピート率を5%高める」のか、その理由と根拠が知りたくなり、資料の中身を読んでみたいと興味をひかれます。

つまり、タイトルでは資料の全体的な内容を包括して伝えるのではなく、**あなたが制作する資料は何を目指しているのか、そのゴールを伝えることが役割なのです。**
読み手の興味をひく効果的なタイトルのつけ方については8章で詳しくお伝えします。

問題点を具体的に把握して伝える

表紙でゴールを明確にしたら、そのゴールを目指すことになった理由、つまり現在抱えている問題点を伝えます。
例えば「顧客満足度を高めリピート率を5%高める」ことを目指すことになった理由は、「通販サイトの今年度の売上が前年度より200万円マイナス」だったからです。このように、問題点を明らかにしたうえで、次に、その原因を具体的に示していきます。

問題点は簡単に見つかると思います。「売上が悪い」や「離職率が高い」など、どんな会社でも問題を抱えているはずです。しかし、大切なのはその原因を十分に探れているのかということです。なぜなら、原因をしっかり把握していないと、「売上が悪い」という問題に対して、どうやって売上を上げるのか、その後の対策を講じることができず、あいまいな提案資料になってしまうからです。

ですから、「売上が悪い」という問題に対して、「サイトへのアクセスが少ない」

「客単価が低い」「欠品が多くて機会損失を生んでいる」「リピート率が低い」など原因を特定して資料に落とし込むことが大切です。

　原因を特定するまでに、他にもたくさんの仮説を立てて、多くの時間と労力を使ったかもしれません。そうなると、それまでの努力も知ってもらいたいという気持ちが生まれ、他の仮説なども詳細に説明しようとしてしまいがちです。これは人の心理として仕方のないことだと思います。実際、私も同じ気持ちになります。

　しかし、何度でもお伝えします。価値は100%伝える必要がありますが、内容を100%伝える必要はありません。必ず読み手の立場に立って情報の取捨選択を行い、読み手にとって、必要ないと思えることは伝えないようにしてください。

報告パターン構成②「解決」

解決案を複数案用意する

　問題と原因を明確にしたら、次は「解決案」になります。**「解決案」を提示する際には2つか3つ用意し伝えること**をオススメします。

　解決案が1つだけでは、「本当にそれがベストな提案なの？」と相手が疑問に思ってしまうかもしれません。「他にも良い案があるのでは？」と疑われた状態では、最後まで納得してもらうことが難しくなるので、そうならないためにも複数の解決案を提示することが必要です。

　解決案をいくつか用意することのメリットはそれだけでなく、他の案をつぶすこと、いわゆる「捨て案」を用意することで、本当に提案したい案が、より素晴らしく最適な案であることを強調できますし、あなたが深く考察したという事実も、同時にアピールすることができ、読み手を納得させることができます。

　複数の解決案を提示するとき、すべての案を詳しく説明する必要はありません。メインとなる解決案は後ほど詳しく説明することになるので、ここでは全ての解

決案を、簡単に説明するようにしてください。

　簡単に説明するときの目安としては、それぞれの案の施策内容とメリット、デメリットを伝えるぐらいでいいと思います。

　複数の解決案を用意するといっても、案が多すぎると読み手の脳に負担がかかってしまい、ストレスを与えてしまうことになるので、多くても3つぐらいにしておきましょう。

解決案の具体的な説明

　1つの解決案に絞ったら、次に、具体的にどのような施策を行っていくのかを伝えます。例えば「通販サイトの売上が下がった」という問題に対して「リピート率が悪い」という原因があり、「顧客満足度UP」することを解決案として提案したとします。

　そうしたら「顧客満足度UP」するためには、具体的にどのようなことに取り組んでいくのかを伝えてください。

　このとき、できるだけ多くの施策を考える必要がありますが、その全てを伝える必要はありません。「顧客満足度UPのための50の施策」と伝えられても、確かにインパクトはありますが、「本当に全部できるのか？」「50個も施策を行ったら逆にコストがかからないか？」と懐疑的になってしまうので、特に大切な数個の施策に絞って伝えたほうが、あなたの提案の効果が確実に相手に伝わります。

報告パターン構成③「結果」

どのような結果が見込めるのか

　提案を実行することで、どのような結果を得ることができるのか、ということを伝えなくては、社内向け資料として上司は納得してくれません。なぜなら、上司は「結果」を知りたいからです。

　例えば、「リピート率を5％高めることで、200万円の売上UPが期待できる」といった結果をはっきりと伝える必要があります。

　結果とは、言い換えると、あなたの**会社にどんなメリットを与えることができるのか**ということです。社内向け資料はできるだけ論理的な内容が求められ、メリットも数字で表すことが好まれます。しかし、「社内のコミュニケーションの質を向上させる」のように、数字では表しにくいメリットを提案することもあるかもしれません。

　そのようなときには、3章でお伝えしたように、メリットの自問自答をしていきましょう。「社内コミュニケーションの質を向上させる」ことで、さらにどんなメリットが生まれるのかを考えてみるのです。例えば「コミュニケーションが深まることで、ミスが減少し、手戻り作業が少なくなるので、残業時間を減らすことができます」のようにできるだけ具体的なメリットを見つけ出すようにしましょう。

　もちろん、メリットをハッキリと断定するのは難しいことです。リピート率を高めることで売上UPというメリットも、本当に達成できるのかわかりません。それでも言い切ることが大切なのですが、言い切ることに不安を感じるのでしたら、「目指します」ということを約束しましょう。
　よく、企業の代表が来期の目標に対して「来期は黒字転換を目指します」と宣言をします。これは黒字転換を約束しているようで、実は「目指す」という、黒字転換するための努力を約束しているのです。

　効果を伝えるときには、できるだけ具体的にして、言い切るかたちで、読み手を不安にさせないように心掛けてください。

想定する結果の根拠

　結果を伝えたら、なぜその結果を見込めるのか、根拠も伝えなくてはいけません。なぜなら根拠がなければ、ただの空論や理想論だと捉えられてしまいますし、実際に実現可能であるのかも疑われてしまうからです。

例えば、「この施策を行えば、1億円売上が上がります」と言われても、根拠が乏しければまったく信用できませんよね。そのため、どんな小さな根拠でもいいので、相手を納得させるために、根拠は必ず伝えましょう。

結果の根拠は、過去の数字の推移から推測することもできますし、他部署の数字などからも推測することができます。さらに自社内の実績だけではなく、業界全体の平均的な数字や、他社事例、自治体が発行している統計資料なども根拠として提示することができます。

スケジュール・概算費用・体制など

最後には、提案を実行するためのスケジュールや、概算費用、体制などを伝えます。この提案が初めて行うものなのか、または最終フェーズなのかで、情報の密度が変わってきますが、初めて行うものなのであれば、細かい情報はいらないので、概要が判断できるかたちで伝えるようにしてください。

余計な情報を伝える必要はありませんが、このように提案がすぐに実行可能であることを示すことで、資料に具体性が加わり、説得力が増します。

補足資料の必要性

社内向け資料は、少ない資料であることが好ましいです。あまり多くの資料を作っても、読み手の負担が大きくなってしまいますし、すべてを見てもらえない可能性があるからです。ですから、余計な情報が削ぎ落とされたシンプルな資料を制作しなければいけません。

ただし、削ぎ落とした情報は、捨ててしまうのではなく、補足資料として残しておくことで、資料にはない疑問を持たれても対応することができます。例えば、提案の別案や、様々なデータ、根拠として集めた統計のグラフなど、資料本編に入れるには、情報として余計だと感じるものも、補足資料としてなら全てを載せても問題ありません。

本編では、ある程度デザインした資料が必要ですが、補足資料はデザインしなくても構いません。そこまで資料を作り込んでしまうと、時間と労力がかかってしまいますし、もしかしたら使わないかもしれないからです。そのため、ちゃんと内容が読めるようであれば、本編のようにしっかり整える必要はありません。

【報告パターンの資料制作例】

今回、例として紹介する資料はもっとも少ないページで構成されたものになりますので、実際にはもう少しボリュームが出てくると思います。

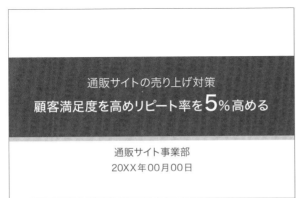

【問題】

**表紙のタイトルで
期待感を与える**

最初にこの資料は何を目的としたものなのかを明確にし、読み手に期待感を与える。

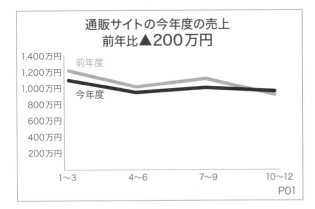

【問題】

**問題点を具体的に
把握して伝える**

いきなり具体的に説明を始めると、混乱してしまう恐れがあるので、まずは問題点を簡潔に伝え、読み手と問題点を共有する。

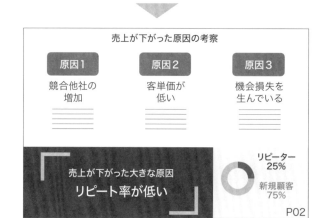

【問題】

**問題点を具体的に
把握して伝える**

問題点がどのような原因によって引き起こされているのか、いくつかの原因を挙げ、考察していることを示す。最後には、結論を伝える。

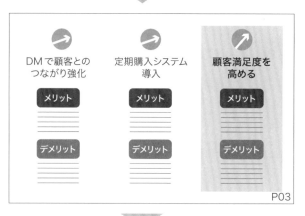

【解決】

**解決案は
複数案用意する**

複数の解決案を示し、それぞれのメリットとデメリットを伝える。さらにその中で、一番オススメの解決案がわかるようにする。

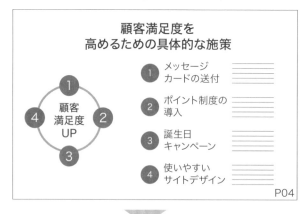

【解決】

**解決案の
具体的な説明**

解決案に対して、具体的にどのような施策を行っていくのかを伝える。

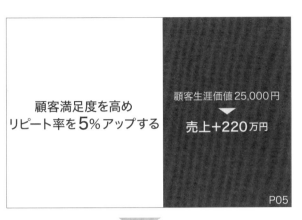

【結果】

**どのような結果が
見込めるのか**

解決案を実行することで、具体的にどのような効果が見込めるのかを示す。できれば数字で示すのが好ましい。

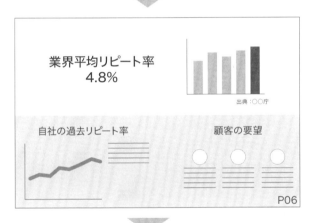

【結果】

想定する結果の根拠

見込める効果に対して、根拠を示すことで、現実的に可能な提案であることを強く印象づけることができる。

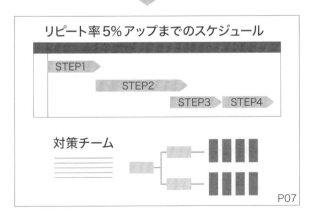

【結果】

**スケジュール・概算費用・
体制など**

最後には、スケジュールや体制、概算費用などを伝えて、さらに提案に具体性を加えて、資料の質を高める。

第 5 章

直感的に理解させる
資料の見せ方

資料を読むのが好きな人はあまりいませんよね。たくさんの情報が詰め込まれた退屈な資料なら、誰かに要約して伝えてもらいたいですし、読まなくても内容を確認できるなら、読まないに越したことはありません。つまり、忙しいビジネスパーソンにとって、「資料を読む」という行為はストレスを感じる作業なのです。

それなのに、すぐに内容が理解できない資料や、内容をよく読んでも意味が伝わらない資料では、余計にストレスを与えてしまい、せっかく、あなたが素晴らしい提案をしても、十分に価値を理解してもらえないかもしれません。

さらに、私たちが制作した資料は、隅から隅まですべてに目を通してもらえるわけではありません。読み手に時間がなければ、簡単に目を通して終わってしまうかもしれません。ですから、じっくり読み込まなくても、ひと目見て理解してもらえる資料を目指すべきなのです。

ひと目で理解できる資料を目指す

直感で伝わる文字のルール

文字は色や大きさ、太さを変更することで読みやすくなる反面、取り扱いを間違えてしまうと、とても読みにくくなってしまいます。

例えば、以下の資料を見てあなたはどう感じますか？

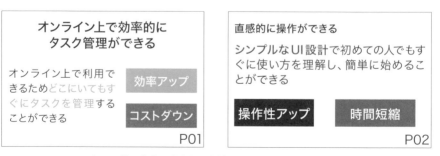

各ページで文字の大きさや色使いがバラバラで読みにくい

すごく読みにくく感じたと思います。なぜなら文字のルールが統一されていないので、その都度、読み手は新しい文字のルールを学習していく必要があるからです。例えば、1ページ目では、強調文字が青色で書かれていたのに、2ページ目では強調文字が赤色で書かれていると、読み手は混乱してしまいますし、色を変えたことに特別な意味があるのかと考えてしまいます。

そうなると、あなたが意図しない部分で読み手は脳を使ってしまい、集中して読み進めることができなくなってしまいます。

強調文字や色のルールを統一することで、赤色文字にはどんな意味があるのか、文字を読まなくても色で判断できるようになります。ただし、色の使いすぎはNGですので細かく色を使い分ける必要はありません。

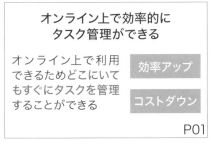

各ページで文字の大きさや色使いを統一することで、読み手が理解しやすくなる

【文字の位置を揃える】

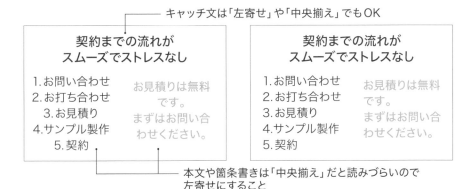

乱雑な印象を受ける文字位置　　　　　　まとまっている印象を受ける文字位置

文字は「左寄せ」「中央揃え」「右寄せ」がありますが、状況によって使い分けるようにしてください。キャッチ文は「左寄せ」や「中央揃え」でもいいのですが、本文や箇条書きは「左寄せ」にするようにしましょう。

レイアウトの原則

　レイアウトの原則を知ることは、読みやすい資料を制作するうえでの基本を知ることになります。もちろんレイアウトといっても難しく考える必要はありません。たった4つのルールを守って制作していくだけで大丈夫です。

・ページに余白を作る
・カラム設定
・各要素のバランスを整える
・不協和音を取り入れる

【ページに余白を作る】

　ページの幅いっぱいに文章や図が入っていると、窮屈な印象を与えてしまい、読みにくくなります。ですから、必ず上下左右に余白を取るようにしてください。余白は1cm～2cmの隙間を目安にしてください。

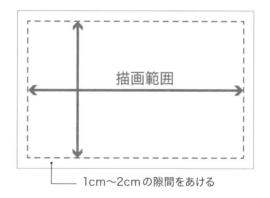

1cm～2cmの隙間をあける

ページいっぱいに文字やコンテンツがあると、窮屈な印象を受けるので、必ず上下左右に隙間を設定する

【カラム設定】

　キレイなレイアウトを作るうえで、図形の大きさや位置を合わせることが大切なのですが、資料制作に慣れていない人は、図形や文字を適当に配置してしまいがちです。

　文字の位置や図版の大きさがバラバラだと、1つの塊として判断しにくいですし、なによりも乱雑なイメージを受けます。私たちは、秩序立ったものに好意を抱きやすいので、整頓されたレイアウトを心掛ける必要があります。

　レイアウトをキレイに整えるためには、カラムについて知っておく必要があります。カラムとは段組みのことです。2カラム〜4カラムで制作するとデザインしやすくなります。カラムを設定する場合には各カラムの間隔をある程度あけることで、各カラムが独立して見えるようになり、読みやすくなります。

　カラムを設定したら、カラム内にコンテンツが収まるように配置していきます。カラム数はページごとに合わせる必要はありません。1ページ目では2カラムで、2ページ目では4カラムでも問題ないのですが、カラム同士の間隔の幅は統一させてください。

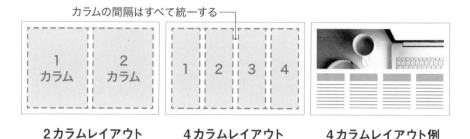

2カラムレイアウト　　**4カラムレイアウト**　　**4カラムレイアウト例**

　カラムの設定方法については、残念なことにPower PointでもWordでもカラムを設定する機能はありません。文字の段組み設定はあるのですが、段組みされたガイドを自動で作成することはできません。そのため、ガイドを作成してご自身でカラムを組む必要があります。

　最初の設定は面倒ですが、カラムを設定することで、バラバラな印象のレイアウトを避けることができます。制作者もレイアウトで悩まず、楽に作業することができますので、カラムを設定してみてください。

【パワーポイントでのカラム設定の方法】

「表示タブ」➡「スライドマスター」でスライドマスターを表示させる。

カラムのガイドを作成するために、スライドマスター内で、四角形を描く。

四角形を描いたら幅を1cmに設定。これがカラム間の隙間の設定になる。

ここでは4カラムを想定して、1cmの四角形をその隙間となる位置および、ページの上下左右に配置する。

カラムを構成するためのガイドを挿入する。ガイドはカーソルを合わせれば自由に移動することができる。

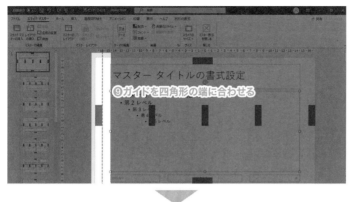

四角形の端にガイドを合わせるように移動させる。

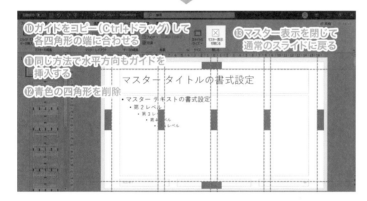

ガイドを「Ctrl＋ドラッグ」でコピーしていく。垂直方向のガイドが全て配置できたら、次は水平方向のガイドを配置する。水平方向のガイドは、「右クリック」➡「グリッドとガイド」➡「水平方向のガイドの追加」で挿入する。最後には四角形を全て削除して、スライドマスターを閉じる。

ここでは、わかりやすいようにガイドを太くしているが、実際には細い線なので、邪魔にならない。スライドマスターでガイドを作ると触れなくなるので、作業中に誤ってガイドを動かしてしまう恐れがない。

97

【各要素のバランスを整える】

　カラムを設定したら、そのガイドに沿って制作することで、整ったレイアウトの資料を制作することができます。

カラムを無視したレイアウト

カラムに沿って整理されたレイアウト

カラムを設定することで、画像や図版の両端と文章の幅が揃うので、
見た目がキレイで読みやすくなる。

水平ラインが合っていないレイアウト

水平ラインが合っているレイアウト

縦（垂直）のラインだけではなく、横（水平）のラインも揃えること。

文章を横幅いっぱいにレイアウト

文章の横幅をコンパクトにしてレイアウト

1カラムで構成する場合、A4横使いで文章を横幅いっぱいにレイアウトすると
読みにくくなるので、文章の横幅を短くして読みやすくさせる。

【不協和音を取り入れる】

心地のよい音楽を生み出すためには、音の調和が大切です。しかし、あえて不協和音を使用することで、読み手にインパクトを与えることができます。

資料でもすべてのページがキレイに整列されていたところに、急にこれまでと違ったレイアウトのページを挿入することで、インパクトを与えることができ、読み手を飽きさせない資料を制作することができます。

不協和音ページは資料の中で一番伝えたいことや、覚えておいて欲しい内容のページで使用し、使用する割合としては、資料が10ページ構成なら、2、3ページほどに抑えるようにしておきましょう。

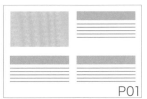

P01

キレイなレイアウト

P02

キレイなレイアウト

P03

不協和音レイアウト

すぐに理解してもらえるページ構成

【人の視線の動き】

Amazon販売ページ

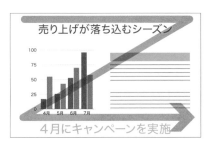

【Zの法則】

左上→右→左下→右と「Z」の順番に視線が動く法則のこと。

【Fの法則】

左上→右へと視線が動き、左に視線が戻り、下に視線を下げてからまた右へと視線が動く運動を繰り返すこと。

レイアウトは視線の動きを意識することで、読み手に無理なく資料を読み進めてもらうことができ、あなたの意図を確実に伝えることができます。Webや広告などのデザインでよく使われているのが、「**Zの法則**」や「**Fの法則**」です。どちらの法則も、人の視線は最初、左上に集まるとされています。ですから、ここに重要なメッセージを置くと、読み手はすぐにこのページで伝えたいことを理解することができます。

【グルーピングする】

　グルーピングとは、複数の画像（オブジェクト）とテキストがある場合、それぞれの画像とテキストを塊に見せることで、どのテキストがどの画像の説明をしているのかわかるようにすることです。

　次の2つの図のうち、左の図は、ぱっと見ではどのテキストがどの画像を説明しているのかわかりませんよね。一方、右図では、画像の下にテキストが配置されているので、すぐに理解できます。

　テキストと画像をセットでレイアウトすることで、短い時間で理解してもらうことができ、見ている人のストレスを軽減することができます。

テキストがどの画像の説明なのかわからない。

画像のすぐ下にテキストがあるので、
すぐにわかる。

　文章だけの構成でもグルーピングさせることで、すぐにそれぞれの関係性を理解してもらえるようになります。

　グルーピングで効果的なのが、背面に色を置く方法です。また、色を置くと文字の視認性が低くなるので、それを避けたい場合には余白を使うことでグルーピ

ングすることができます。

それぞれの文章の
間隔が狭いので、
読みづらい。

糖質（炭水化物）

栄養学上は炭水化物は糖質と食物繊維の総称として扱われており、消化酵素では分解できずエネルギー源にはなりにくい食物繊維を除いたものを糖質と呼んでいる

タンパク質

構成するアミノ酸の数や種類、また結合の順序によって種類が異なり、分子量約4000前後のものから、数千万から億単位になるウイルスタンパク質まで多種類が存在する

脂質

脂質は、単位重量あたりの熱量が9kcal/gと他の三大栄養素の2倍以上あり、生体は食物から摂取した脂肪をエネルギーの貯蔵法としても利用している

背面に色を置くことで、
グルーピングできる。

糖質（炭水化物）

栄養学上は炭水化物は糖質と食物繊維の総称として扱われており、消化酵素では分解できずエネルギー源にはなりにくい食物繊維を除いたものを糖質と呼んでいる

タンパク質

構成するアミノ酸の数や種類、また結合の順序によって種類が異なり、分子量約4000前後のものから、数千万から億単位になるウイルスタンパク質まで多種類が存在する

脂質

脂質は、単位重量あたりの熱量が9kcal/gと他の三大栄養素の2倍以上あり、生体は食物から摂取した脂肪をエネルギーの貯蔵法としても利用している

各文章の間に余白を多く
とることで、それぞれの塊
が見やすくなる。

糖質（炭水化物）

栄養学上は炭水化物は糖質と食物繊維の総称として扱われており、消化酵素では分解できずエネルギー源にはなりにくい食物繊維を除いたものを糖質と呼んでいる

タンパク質

構成するアミノ酸の数や種類、また結合の順序によって種類が異なり、分子量約4000前後のものから、数千万から億単位になるウイルスタンパク質まで多種類が存在する

脂質

脂質は、単位重量あたりの熱量が9kcal/gと他の三大栄養素の2倍以上あり、生体は食物から摂取した脂肪をエネルギーの貯蔵法としても利用している

ページ内のレイアウト

　人の視線は「Ｚの法則」や「Ｆの法則」によって、最初にページの上部に視線が集まるので、ページ上部のタイトルがつまらないものだと興味をひくことができません。よくあるのが、「導入メリット」や「費用について」、「機能と特徴」など、読み手の興味をひくことができないタイトルが配置されていることです。

　また、1ページの中で、上から順番に文字が小さくなっていく資料をよく見かけます。つまり、ページタイトルが一番大きくて目立つ構成になっているのです。もちろんページタイトルが一番目立つ必要ありませんよね。ですからページタイトルを入れる際には小さくして右上や右下に配置してください。

導入メリット
1. コストが安い 2. 使い方が簡単 3. 顧客管理を強化できる 4. データの収集が容易 業務を効率化し生産性を向上させます

ページ上部に大きいタイトル

導入メリット

業務を効率化し
生産性を向上させます

1. コストが安い
2. 使い方が簡単
3. 顧客管理を強化できる
4. データの収集が容易

ページ右上に小さいタイトル

　読み手の興味をひくためには、そのページで一番伝えたいことをページ上部に配置します。例えば「無添加の化粧水」の場合、一番伝えたいことは「無添加」ということです。ですから、無添加だということがわかるようにページ上部に配置します。

　読み手はこの化粧水が無添加であることを知り、次に「無添加とはどういうこと？」という疑問を持ちます。さらに「無添加であることにどんな良いことがあるの？」といった疑問を持ちます。

　このようにページ内で読み手が疑問に思うことを、順番に答えていくイメージでページを制作すると、とても自然な流れの構成になります。そしてこの流れを作るためには、上部にもっとも伝えたいことを配置し、ページタイトルが目立つ必要はないのです。

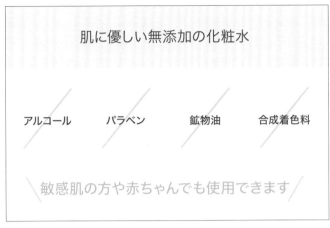

肌に優しい無添加の化粧水

アルコール　　パラベン　　鉱物油　　合成着色料

敏感肌の方や赤ちゃんでも使用できます

ページ上部にもっとも伝えたいことを配置し、ページ下部に向かって順番に説明することでわかりやすいページ構成になる。

　もちろん全てのページが、この流れで構成できるわけではありません。例えば、課題と対策によって得られる効果を伝えるページでは、もっとも伝えたい「効果部分」は最初に持ってこないで最後に持ってくるほうが自然な流れになります。

　絶対にこのページレイアウトにしなければいけないという、決まりはありませんが、常に読み手の立場になって、読んでいて、ページの流れが不自然にならないように構成していきましょう。

課題

運動する習慣のない子どもが増えている

対策

表彰制度で運動をしたいという動機づけを行う

効果

表彰という目標を達成するために
積極的に運動をするようになる

「課題」 ➡ 「対策」 ➡ 「効果」のように伝える順番がはっきりしている場合には、もっとも伝えたいことを最後に伝える。

画像は直感的に理解できる最高のツール

画像の正しい選び方

　画像は資料を制作するうえで、とてもパワフルな役割を果たしてくれます。「海に沈む美しい夕日」と言葉で説明されるよりも、画像を見せてもらったほうが、はっきりと伝わりますし、読み手も共感しやすくなります。ですから、言葉だけに頼ろうとはせずに、画像も使うことをオススメします。

　画像を選ぶ際には、3つ注意点があります。

【解像度の高い画像を選択する】

　解像度が低く、ぼけた画像は使わないようにしましょう。解像度の低い画像は、あなたの資料の品質を著しく低下させます。有名企業が使用している資料の画像がぼけていたら、その企業の品格を疑ってしまいますよね。それは少し大げさかもしれませんが、解像度の低い画像を使用して、読み手をがっかりさせないようにしてください。

　どうしても解像度の低い画像しかないということでしたら、あまり大きく使わず、小さくして使用することで、多少見栄えは良くなります。

【画像の雰囲気を合わせる】

　あるページではプロが撮影したようなキレイな画像を使用していて、あるページでは、素人が撮影したような画像では、資料全体にちぐはぐな印象を受けてしまいます。素人が撮影した画像が悪い、といっているわけではありません。雰囲気の違う画像の使用は控えたほうがいい、ということです。

　資料の統一感にこだわるのであれば、画像の雰囲気も統一するようにしてください。

【イメージに合った画像を使う】

「あなたのビジネスの成功をサポートします」といったメッセージに合った画像はどのようなものでしょうか？

まさか、子どもが遊んでいる画像を使うことはないでしょう。おそらく多くの人が言葉から連想される画像を使用すると思います。

イメージに合った画像を使用するためには、3つのポイントがあります。

❶メッセージ内の単語をそのままイメージ化

❷メッセージ内の単語から連想されるイメージ

❸メッセージで伝えたい内容を抽象化

「あなたのビジネスの成功をサポートします」に合った画像の選択方法

❶「ビジネス」という単語からストレートにイメージできる画像を使用します。

例：スーツを着ている数人が微笑んでいる画像

❷「サポート」という単語から連想できる画像を使用します。

例：握手している手元の画像

❸メッセージ全体の意味を捉えて、「相手を成功させること」という意味を抽象化した画像を使用します。

例：海から朝日が昇る画像

また、楽しい雰囲気を与えたいのなら明るい画像を使い、暗い雰囲気を与えたいのならモノクロ画像を使うなど、画像を使い分けることで、伝えたいことの印象を増長させることもできます。

伝えたいメッセージのイメージがもっとも表現できる画像を選んで、読み手が想像しやすくしてあげましょう。

画像を使わなくてもいい

先程まで、画像は「最高のツール」などと伝えていたのに、「一体どういうこと

だ！」と思われたかもしれません。もちろん画像でイメージを伝えることは大切なのですが、すべてを画像に頼ってしまうと、逆効果になることがあります。

　例えば、「かっこいい男性」や「キレイな女性」を伝えるのに、画像を使用してしまうとどうなるでしょうか？
「かっこいい」や「キレイ」は主観的な見解ですので、人によって基準は異なってきます。画像を見せて特定してしまったせいで、想像していたのと違うと思われてしまうかもしれません。もちろん誰が見ても美男美女といえるモデルは存在しますが、ここでお伝えしたいのは、すべてにおいて読み手の想像を画像を使って限定することが正解ではない、ということです。

　もしかしたら、あなたの提案でも、あえて読み手に色々と想像させたほうがいい場合もあるかもしれませんので、ぜひ写真選定は慎重に行ってください。

【高品質な無料画像を提供してくれるサイト】
「Pixabay」 https://pixabay.com/ja/
「Adobe Stock 無料」 https://stock.adobe.com/jp/free

文章を図に変換してわかりやすくする

長い文章も図でスッキリと見せる

　十分に内容を理解してもらうためには、文章で伝えることが必要不可欠です。しかしその反面、長い文章は読み手を疲れさせます。ここに矛盾が生じてしまうのです。「ちゃんと内容を理解してもらいたいけど、長い文章では読んでもらえないかもしれない……」と制作者は頭を悩ませます。
　それではどうしたらいいのか？
　答えは、**図と文章で、ちゃんと読んでくれる人と、読んでくれない人の両方に対応するという方法**です。

　図といっても難しい図を作るわけではありません。誰でも作れる図で、塗りの入った四角形で文字を囲むだけです。

　とても簡単ですよね。どのように文章を図にするのかを下記の文章を使って実践してみます。

> 日本に昔から伝わる伝統的な美容成分を使った最高の化粧水を作るため、いくつも試作品を作り、改良を重ねてきました。日本で生まれた天然美容成分である米ぬかエキスを使い、日本の職人が伝統的な製法でひとつひとつ丁寧に手作業で作ったこの化粧水は、敏感肌や乾燥肌の方でも安心してお使いいただけます。

日本の伝統的な美容成分を配合した最高の化粧水

日本生まれ	米ぬか エキス配合	職人の 手作り	敏感肌OK 乾燥肌OK

日本で生まれた天然美容成分である米ぬかエキスを使い、日本の職人が伝統的な製法でひとつひとつ丁寧に手作業で作ったこの化粧水は、敏感肌や乾燥肌の方でも安心してお使いいただけます。

「日本生まれ」や「米ぬかエキス配合」などの特徴を強調することで、
ひと目で伝えたいことがわかるようになる。

　このように、文章の中から特に伝えたい部分や特徴を抜き出し、図にして大きく記載することで、このページで伝えたいことがすぐに理解できます。また、この方法の優れた点は、ぱっと見て内容を理解してもらったうえで、興味をひかれた人がその下にある文章を読み、さらに理解を深めてもらえるところです。最初から長い文章で、相手に理解させようとはせずに、まずは興味を持ってもらうための工夫をしてください。

　文章を図に変換する方法として、他にも、**「引き出し文字にする」**という方法が

あります。

イラストや画像から引き出し文字を使って説明することで、
商品の特徴がすぐに理解できる。

　商品のイラストや画像を使って、そこから特徴を引き出す方法のことです。引き出す際には、必ずしも該当する部分から引き出す必要はありません。例えば、車のイラストから「ミラー」「タイヤ」「ヘッドライト」など各部位を説明する際には、該当部分から引き出す必要がありますが、上記の場合でしたら、特に引き出し位置にこだわらなくても十分伝わりますので、安心して使ってみてください。

図解でわかりやすく伝えるコツ

【図解でよく使う形】

　図解で使用する基本的な形は右図の13個です。各要素の関係を表すときに、難しいことをする必要はありません。シンプルに図解することで、それぞれの要素がどのような関係性なのかを読み手に直感的に理解してもらうことができます。

【図解の流れ】

　図解の流れは「左→右」「上→下」の2種類になります。「右→左」や「下→上」といった流れは使用しないようにしましょう。

❶ 改善前、改善後などの変化

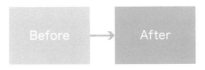

❷ 2つの要素がお互いにつながっている

つながり・相互作用

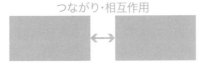

❸ 2つの要素の比較

❹ 広がり・周りからのサポート

派生・協力

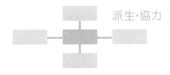

❺ 継続的なサイクル

改善
つながり

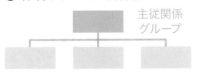

❻ 体制やチームの関係性

主従関係
グループ

❼ ステップを時系列で展開

❽ 提案から生まれる効果

❾ ステップアップ

向上・改良

❿ 要素を分解

下降・減少

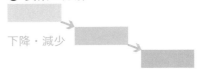

⓫ 要素の分割

増加・分岐

⓬ 大きさや量の比較

⓭ 複数の要素から重要箇所を抽出

重要箇所

右→左の流れは、「戻る」や「退化」といったイメージなので、あまり使いません。

下→上への流れも使いません。なぜなら、人の視線は「左→右」「上→下」へと流れるので、その流れに逆らうと、とても読みにくいのです。できるだけ読み手に自然に読んでもらうために、流れの基本は守るようにしてください。

下→上への流れは使いませんが、「上昇」というイメージを伝えたいときに上→下だとなんとなく違和感があるかもしれません。そのようなときには、少し要素を右にずらして、左下→右上へと向かう流れにすることで、自然な流れを演出することができます。

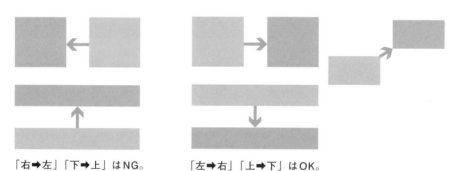

「右➡左」「下➡上」はNG。

「左➡右」「上➡下」はOK。
上昇を表したい場合には「左下➡右上」への流れで表す。

【図解で使う矢印の種類】

図解では「四角形」や「丸」を主に使用しますが、その次に使用頻度が高い図形が「矢印」です。矢印にも様々な種類があるので、資料内でページごとに矢印の種類が変わってしまわないように統一してください。

様々な種類の矢印

また、矢印にはいろいろな意味があります。

・時間の経過を表す矢印

・変更前と変更後の矢印

・順番を表す矢印

　これらの矢印も、読み手を困らせないようにルールを設けて、「変更前と変更後の矢印は三角形」「順番を表す矢印は普通の矢印」というように意味合いに応じて矢印の種類を決めると、統一感も出てわかりやすくなりますし、制作時にもどんな矢印を使用するかいちいち迷わなくて済みます。

矢印は用途によって使い分けるようにする

変更前と変更後を表す矢印　　　　　　　　順番を表す矢印

　矢印を使用する際に注意してもらいたいのが、「矢印の強さ」です。矢印が大きすぎたり、濃い色を使ったりしていると、矢印が目立ってしまいます。矢印を意図的に目立たせる場合もありますが、基本的には、矢印はあくまでも補助的な役割なので、目立たせる必要はありません。

矢印が目立っている。　　　　　　　　　　矢印は目立たなくていい。

【図解の色は2色だけ】

　私は様々な資料を見る機会が多いですが、多くの方は図解に色を使いすぎているように感じます。確かに図形で示す要素はすべて違う意味があると思いますので、それぞれの色を変えたくなるかもしれません。

　色を変えて表現することは、読み手がわかりやすいように配慮した結果なのだと思いますが、そのページで一番伝えたいことは何か、という視点で見たとき、

たくさんの色を使って重要なメッセージが埋もれてしまうより、使う色を限定して、より強調したい部分が目立つように色を設定するべきなのです。

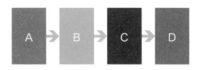

【色がたくさん使われている】
すべての色が変わっていると、
どれが重要なことなのかわかりにくい。

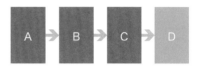

【色が限定されている】
少ない色で構成されていると、
重要なことがひと目でわかる。

どうしても図形の色を変えたい場合には同じ色の濃淡で表現すると、統一感を保ちながらも各要素の違いを表現することができます。このとき、重要な要素が一番濃い色になるように調整してください。

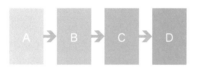

重要な要素が最後にある場合

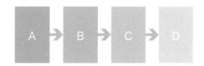

重要な要素が最初にある場合

【色の濃淡の変更方法】
Power PointでもWordでもカラーパレットに色を登録すれば濃淡の違う色を使うことができます。カラーパレットの登録が難しいという場合には、色の透明度で調整することも可能です。

簡単に作れるフロー図

フロー図とは、業務の流れや、購入までの流れ、導入後の流れなど、時系列で進む情報を図解したものです。フロー図には丸や四角形、ひし形などの図形を使って、各プロセスを説明するものもありますが、資料で使用するフロー図は四角や丸だけのシンプルなもので制作します。

図解と同じように、文章だけで「流れ」を説明するのがわかりにくくなる場合、

フロー図を使用することで、情報が整理され、わかりやすくなります。フロー図も多くの色を使わず、2色だけで構成するようにしてください。

【文字だけの説明】

サービス導入時にシステムの初期設定を行い、その後、本稼働に向けた準備を行います。
本稼働が始まりましたら、保守やサポートも同時に行い、どのような改善が必要なのかをコンサルし、より使いやすいシステムを構築します。

【フロー図を使った説明】

1 サービス導入
システムの初期設定

2 本稼働準備
データの準備

3 本稼働(保守・サポート)
稼働後のサポートも万全

4 コンサルティング
改善点を見つけ、アドバイス

【フロー図のパターン】

フロー図には4つのパターンがあります。

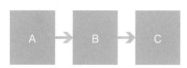

【ベーシックパターン】
要点だけを伝えたいときに使用。

【解説パターン】
各フェーズで説明書きが必要なときに使用。

【時間軸パターン】
年表のように一定の軸に沿って流れが進み、要素が多い場合に使用。

【数字パターン】
矢印を入れる隙間がない場合に、数字で表現。

どのフロー図を使うのかは、状況に合わせて使い分けてください。文字だけではなく、アイコンやイラスト、画像を組み合わせることで、より伝わりやすいフ

ロー図を制作することができますので、読み手にもっとも伝わるフロー図を見つけてみてください。

図解ではない文章の見せ方

　資料は、新聞ではありませんし、小説でもありません。決まったフォーマットの中に収めなくてもいいのです。

　ですから、もしも図解にするのが難しい文章の場合、それをどのようにしたら、わかりやすく伝えることができるのか考えてみましょう。

　例えば、以下のような文章だけのページがあるとしたら、どうすれば見やすくなるでしょうか？

10月30日に行われた研修では最終日ということもあり、最後に懇親会が開かれました。そこで、部長からもっとも成長したと感じた2人を選んで表彰してもらいました。
一人目　織田 信長さん（マーケティング部）「まさか自分がもらえると思っていなかったのでとてもうれしいです。」
二人目　豊臣 秀吉さん（営業統括部）「一生懸命、頑張ったかいがありました。これからこの経験を生かしていきたいです。」

研修でもっとも成長した2人を表彰
研修最終日（10月30日）

研修後に開かれた懇親会で、部長からもっとも成長したと感じた2人を選んで表彰してもらいました。

織田 信長さん
マーケティング部

まさか自分がもらえる
と思っていなかったの
でとてもうれしいです。

豊臣 秀吉さん
営業統括部

一生懸命、頑張ったか
いがありました。これか
らこの経験を生かして
いきたいです。

伝え方の構成を変えてわかりやすくしたページ

このように、背景に色を置いたり、レイアウトを変えたり、文字の大きさを変えることで、まったく見え方が変わってきます。コツとしては、まず情報を精査し、その中で一番目立つ必要があるものを選び出し、文字を大きくします。次に、補足的な文章など（ここでは受賞者の感想）を資料内にある本文とは違う扱いにすることで、読み手は、本文と違う内容であることを認識してくれます。

背景に色を配置する際には、あまり強い色で主張しすぎないように気をつけてください。

また、2つや3つの要素をレイアウトするとき、上下に配置すると上に置いた要素のほうが重要なことのように感じられますし、文章が横長になるので少し読みづらくなります。

左右に配置することで、文章がまとまって読みやすくなり、スマートな印象を与えることができます。

上下レイアウトだと少し読みづらくなる

左右レイアウトにするとコンパクトになり、読みやすくなる

吹き出し文字と引き出し文字の使い方

「**吹き出し文字**」は補足説明や強調部分で使われます。

「**引き出し文字**」は図の説明などでよく使われます。

この2つは資料でよく使用されますが、間違えて使うと、読みにくい資料になってしまいますので、注意が必要です。

【吹き出し文字】

吹き出し文字は、グラフで使用すると、もっとも伝えたい部分を強調すること

ができますし、見出しに使用すると、補足的な説明をすることができます。

　ただし、吹き出し文字はたくさん使用すると、ごちゃごちゃして見づらくなってしまいますので、たくさん使いたい場合には、引き出し文字が効果的です。

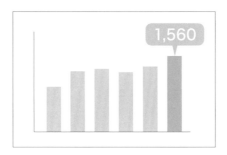

グラフに吹き出し文字

見出しに吹き出し文字

【引き出し文字】

　引き出し文字は、乱雑な情報を整理するのにとても役立ちます。例えば、東京都と神奈川県と千葉県の特徴を伝えるページを制作してみます。

東京都は日本の首都で、世界的な巨大都市として有名で、国際取引の中心として機能しています。神奈川県は人口が東京都に次ぐ第二位で、鎌倉、箱根を代表とする観光地が多数存在します。千葉県は全国的に有名な人気テーマパークや国際空港などもあり、一年を通して多くの観光客が訪れています

文章だけだとしっかりと読まなくてはいけないので、理解しようとしたら自分の頭の中で整理する必要がある。

【日本地図に吹き出し文字】

吹き出しを使うことで文章だけの構成よりもわかりやすくなるが、情報が多いので、全体的に窮屈な印象を与えてしまい、見栄えがあまり良くない。

【日本地図に引き出し文字】

情報が整理されており、引き出し線が日本地図を邪魔しないので、スッキリした印象を与える。引き出し文字を使うときには、引き出し線を斜めにしたりせず、直線や、直角の線にすることで、見栄えがよくなる。

第 6 章

直感的に納得させる
「グラフ・表作り」のルール

あなたの素晴らしい提案を瞬時に理解してもらうためには、文章だけではなく、視覚にアプローチすることが求められています。そのためには「グラフ」や「表」といった、誰もが馴染みのある表現方法を活用することが必要です。

おそらくあなたも、これまでに一度ぐらいはグラフや表を作成した経験があるのではないでしょうか。

よくできたグラフというのは、より素早く情報を伝えることができ、よくできた表というのは、より素早く網羅的に情報を把握することができます。

では、よくできたグラフや表とは一体どういったものなのでしょうか?

それは、余計な情報を取り除き、シンプルで、説明がなくても、伝えたいことが理解できるグラフや表のことです。

グラフは視覚にアプローチする

グラフを積極的に使う

例えば、「量」の話を文章で伝えた場合、意味を理解してもらうことはできますが、どれくらいの「量」なのかをイメージさせることは難しいかもしれません。

例えば「マンゴーの生産が一番多い都道府県は2,206トンの沖縄県です。次に多い県は宮崎県で1,203トンです。第三位が鹿児島県で488トンです。」と文章で伝えられても、順位はわかりますが、視覚的に比較できないので、それぞれどれほどの差があるのかイメージすることはできません。

それでは、この情報を表にするとどうでしょうか?

順位	都道府県	収穫量
1位	沖縄県	2,206トン
2位	宮崎県	1,203トン
3位	鹿児島県	488トン

かなり全体を把握することができますよね。文章で伝えるよりも表のほうが確実にわかりやすいです。さらにこれをグラフにするともっとわかりやすくなります。

1位	沖縄県	2,206トン
2位	宮崎県	1,203トン
3位	鹿児島県	488トン

グラフにすることで、それぞれの「量」を視覚的に把握することができます。文章ではあまり伝わってきませんでしたが、グラフにすると、沖縄県が圧倒的な生産量であることがひと目でわかります。

このように、グラフを積極的に活用することで、あなたが伝えたいことを視覚的に理解してもらうことができるのです。

グラフは読ませないこと

グラフは、ひと目見て理解できるように制作しないといけません。複雑なグラフは読み手を疲れさせるだけで、何も伝えていないのと同じです。

まず、グラフの役割を考えてみましょう。グラフの役割は、あるデータを視覚的にわかりやすくするためのツールであり、文章では長くなる内容を簡単に理解してもらうためのものです。

その中には、「**誰でもアクセス可能なグラフ**」と「**情報を絞ったシンプルなグラフ**」の2種類のグラフが存在します。

【誰でもアクセス可能なグラフ】

政府が発行しているあらゆる統計データのグラフは、詳細がわかる作りとなっていることが多いです。なぜなら、どんな人がそのグラフを見たいと思っているのかわからないので、誰が見てもその人が知りたい情報にアクセスできるグラフである必要があります。

例えば、次の図の厚生労働省が発表している労働時間についてのグラフでは、「総実労働時間」「所定内労働時間」「所定外労働時間」の3つの要素が、昭和30年度～平成20年度まで細かく記載されています。もしもこのグラフが「総務労働

時間」の平成からしか記載されていなかったら、「所定内労働時間」が知りたい人は答えを知ることができませんし、平成以前のデータを知りたい人も答えを知ることができません。

　そのため、多くの人がグラフから情報を読み取れるように、詳細な情報のグラフが必要になってくるのです。

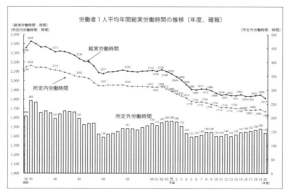

労働時間等の現状等について 平成22年3月 厚生労働省 労働基準局

【誰でもアクセス可能なグラフ】

誰が見ても自分が欲しい情報を得ることができる。ただし、すべての情報が記載されているため、複雑でわかりにくくなっていることが多く、しっかりと読み解く必要がある。

【情報を絞ったシンプルなグラフ】

「情報を絞ったシンプルなグラフ」は、そのグラフで伝えたいことが明確な場合に有効です。グラフですべての情報を平等に伝えるのではなく、一番重要なことが目立つように作られたグラフです。最大の特徴は、グラフを見て一瞬で理解できるように、不要な情報が取り除かれた状態であることです。

　つまり、プレゼンテーションや営業資料などで使用するのは「情報を絞ったシンプルなグラフ」ということになります。

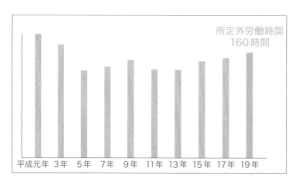

【情報を絞ったシンプルなグラフ】

特定の情報にフォーカスして伝える。不要だと思う情報をすべて割愛することで、ぱっと見て何が言いたいかわかるグラフになる。ポイントは、伝えたい数字を目立たせること。

【情報を絞ったグラフを制作するために】

　まず、あなたはそのグラフで何を伝えたいのかを考えてみましょう。

・売上が上がっていることを伝えたいのか

・Bという商品よりAという商品の販売数が伸びているのを伝えたいのか

・Aという商品の売上は全商品の売上の3割を占めていることを伝えたいのか

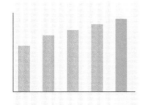

売上が上がっていることを伝えたいグラフ

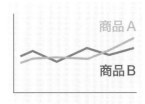

商品Bより商品Aの販売数が伸びているのを伝えたいグラフ

商品Aの売上は全商品の売上の3割を占めていることを伝えたいグラフ

　グラフには様々な情報が含まれます。そして、それを詳細に伝えたいというあなたの善意によって、グラフはわかりにくくなってしまいます。とても皮肉なことですが、詳細に伝えようとすればするほど、シンプルなグラフから遠のいてしまうのです。

　あなたは公的機関が発行するためのグラフを制作しているわけではありませんよね。おそらく、社外用や社内用の資料にグラフを挿入しようとしているだけだと思います。資料用のグラフを制作する際に、やらなければいけないことは、全てを正確に伝えるのではなく、グラフを使ってわかりやすくインパクトを与えることです。ですから、伝える必要のない情報は全て捨ててください。

　例えば、次のグラフで、「2017年では売上高に対して営業利益が上昇した」ということについて伝えたかったとします。そうなると、その年度までのだいたいの流れが理解できればいいので、それ以前の詳細な年度は特に必要ありません。さらにグラフの本数も少なくしてスッキリさせます。このように、グラフで伝え

たいことに影響しない要素は、全て取り除いてしまうことで、スッキリとしたインパクトのあるグラフを制作することができます。また、グラフの情報をわかりやすく伝えるだけではなく、その情報から読み取れる事実や考察も一緒に伝えることで、グラフの効果がさらに高まります。

　シンプルにする前のグラフは削除せずに補足資料に入れておいて、詳しい説明を求められたときに見せられるようにしておきましょう。

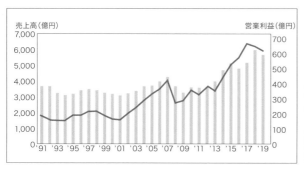

【データを全て見せて正確に伝えようとするグラフ】

このグラフは削除せずに補足資料に入れておき、必要なときに見せられるようにしておく。

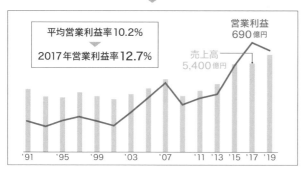

【余計な情報を取り除きシンプルにしたグラフ】

グラフをシンプルにするだけではなく、「営業利益率」という情報を加えることで、さらにわかりやすいグラフになる。

グラフデザインで意識することはたった2つ

　直感的に理解できるグラフにするためには、不要な情報を捨てる決断力とデザイン力が必要です。不要な情報を捨てるための準備は、ここまでお読みいただいたあなたに、もうすでに備わっていると思います。

　そして、デザイン力といっても専門的な知識が必要なわけではありません。たった2つのことを意識するだけで、見やすいグラフになります。

【色を使いすぎない】

グラフにたくさん色を使ってしまうことがあるかもしれません。しかし、それぞれの項目に色をつけて、わかりやすく差別化しようとすることは、逆に相手を混乱させてしまいます。なぜなら、色が多いとすべての要素を注意して読み込む必要が出てくるからです。

ですから、使う色を限定して、何が一番伝えたいことなのかを、瞬時に理解してもらえるように努めなければいけません。

つまり、色を使うのはもっとも重要な部分のみ、ということになります。もちろんそれ以外の部分にも色を使うことはあります。その場合でも、重要な部分以外の色を揃えたり、薄くしたりして、色を限定することで見やすいグラフを制作することができます。

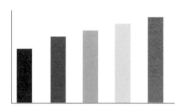

色をたくさん使用したグラフ

強調部分以外を薄い色味にしたグラフ

強調部分以外をグレーにしたグラフ

色の濃淡で構成された統一感のあるグラフ

【数字や文字情報の扱い方】

グラフでもっとも強調したい部分の色を変更したら、同時に、数字や文字情報も大きくして目立つようにしましょう。このとき、他の数字（文字）は小さくするか、色を薄くして目立たないようにします。ただし、比較する際には対象がハッキリわかるように大きくしますが、比較対象を多く設定すると、わかりにくくなって

しまうので注意してください。

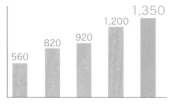 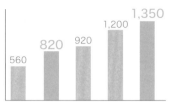

重要部分以外の数字は色を薄くしたり、
小さくしたりして目立たなくする。

グラフで比較部分がある場合には、比
較対象がハッキリとわかるようにする。

グラフの使い分け方と見せ方

よく使うグラフの種類

　グラフといっても種類は様々です。

- **棒グラフ**
- **折れ線グラフ**
- **円グラフ**
- **点グラフ**
- **曲線グラフ**
- **面グラフ**

　業種や業界によって、よく使われるグラフがあると思いますので、どれを使う
のが正解というわけではありません。どのグラフにも特徴があるので、内容に応
じて、もっとも読み手に伝わるグラフを選択していけばいいと思うのですが、ど
のグラフを選べばいいのか迷ってしまったら、次の３つのグラフの中から選んで
みましょう。

- **棒グラフ**
- **折れ線グラフ**
- **円グラフ**

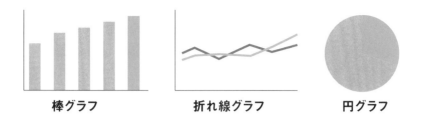

棒グラフ　　　　折れ線グラフ　　　　円グラフ

　今回はこの3つのグラフの使うべき場面と、シンプルなグラフの作り方について解説していきます。

　グラフを制作する際の基本的な考え方は全て共通ですので、今回ご紹介するグラフ以外にも応用できる内容となっています。

棒グラフ

　棒グラフはそれぞれのデータの比較や推移などを見せる際に使用します。

　例えば、A社とB社の店舗数の比較や、A社の店舗数の推移、またはその2つを合体して見せることも可能です。

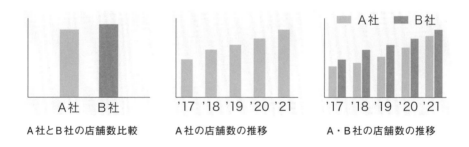

A社とB社の店舗数比較　　　A社の店舗数の推移　　　A・B社の店舗数の推移

　グラフを制作する際に気をつけていただきたいことがあります。それが、ソフトのデフォルトで生成されるグラフをそのまま使用しないこと、そして3D機能を使わないことです。

　Power PointやWordはとても優れたソフトですので、簡単にグラフを制作することができます。ただ残念なことに、デザイン性はあまりよくありません。さらに、高機能なので3Dグラフも簡単に作れます。しかし、3Dグラフほど見づらいものはありません。これに関しては、ほとんどのプロが、「3D化したグラフは

使用しないこと」と口を揃えて警告しています。

　ですから、かっこいいグラフを作ろうとして3D化することだけは絶対に避けてください。

【棒グラフをシンプルにする】

　どのような棒グラフを制作するべきなのかを、見づらいグラフの代表である3Dグラフを出発点にして、シンプルなグラフにするための過程を追っていきながら説明していきます。

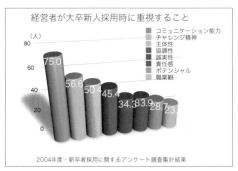

・3D表現を使っているので、各項目で実際にどれくらい差があるのか判別しづらい。
・強めの色がたくさん使われており、グラデーションや影などの余計な要素もある。
・各項目の数字がみずらい。

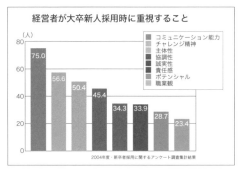

・2D表現にし、色も落ち着いた色味に変更。
・下部にあるグラフの説明は目立たせる必要がないので、文字を小さく変更。

　3D表現を2D表現にして色味などを変えたことで、かなり見やすくなりましたが、これではまだ十分とはいえません。色が多すぎて、何が一番言いたいのかが理解できないからです。さらに、色分けされたグラフの項目名が、スライド上部の凡例に書かれているため、ぱっと見では理解しづらいですよね。

　このグラフでは、「経営者が大卒新入社員を採用するときに重視していることは何か？」が一番知りたい情報でもあり、伝えたい情報でもあります。そのため、ここが目立つようにグラフをさらに変更していきます。

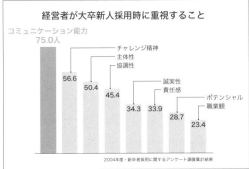

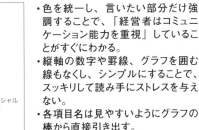

- 色を統一し、言いたい部分だけ強調することで、「経営者はコミュニケーション能力を重視」していることがすぐにわかる。
- 縦軸の数字や罫線、グラフを囲む線もなくし、シンプルにすることで、スッキリして読み手にストレスを与えない。
- 各項目名は見やすいようにグラフの棒から直接引き出す。

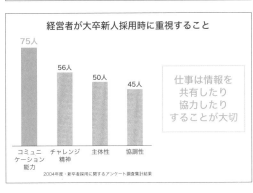

- 上位4つに情報を絞り、文字とグラフを近接化することで、より見やすくわかりやすいグラフを目指す。
- 色をグレーに変更して、1位をさらに強調する。
- 「仕事は情報を共有したり、協力したりすることが大切」といったコミュニケーション能力が求められる理由を伝えることで、このグラフで本当に伝えたいことが明確になる。
- 小数点以下の数字を消すことで、よりスッキリさせる。

　上記の例では、項目を上位4つに絞りましたが、すべての項目を見せたいという場合には、無理に絞る必要はありません。項目名が長い場合には、縦棒グラフから横棒グラフに変更することで見やすくなります。

　ただし、時系列で並んでいる場合、例えば、年数などで並ぶ場合には、縦棒グラフのほうがわかりやすいので、しっかりと使い分けるようにしてください。

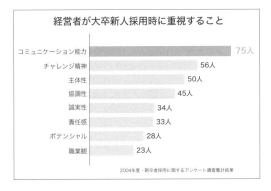

- 縦棒グラフを横棒グラフへと変更。
- 項目名が長い場合、横棒グラフに変更すると、納まりがよく見やすくなる。

折れ線グラフ

2つ以上のデータで一連の推移を比較するのであれば、折れ線グラフがオススメです。折れ線グラフも棒グラフと同じように、余計な情報を省き、一番伝えたいことがわかりやすいようにシンプルに構成していきます。

余計な情報というのは、項目や文字だけではありません。グラフを構成する縦横軸の罫線や背景の塗りなども、取り除くことでスッキリとしたグラフを作ることができます。

【A社とB社とC社の店舗数比較】

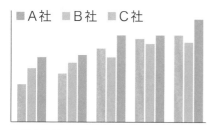

複数を比較する場合、
棒グラフだと少しわかりにくい。

折れ線グラフだとすっきりして
比較がわかりやすい。

【折れ線グラフをシンプルにする】

以下のグラフでは、「百貨店」と「スーパー」のもっとも売上が高かった年を比較することを目的とします。

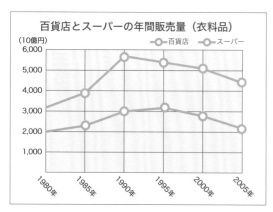

・グリッドの線など、不要な情報がグラフを見づらくしている。
・文字を斜めに配置すると、読みづらくなる。
・縦軸の単位も桁数が多いため、頭の中で数字を変換するのが大変でわかりにくい。
・凡例とグラフが離れていると、ぱっと見て理解できない。

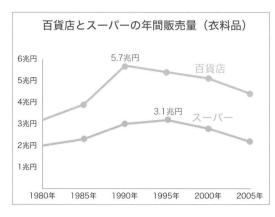

・背景の色や罫線をなくし、シンプルにする。
・縦軸の数字の単位を「兆円」に変更。
・凡例をなくし、項目名をグラフのすぐ上に置くことで読み手の負担を軽減。
・売上の多い年に数字を置くことで、比較が容易になる。

　棒グラフでも同じことがいえるのですが、できれば「凡例」はあまり使わないほうがいいです。

　ひと目で理解できるグラフを制作するためには、グラフと凡例が離れていると、視線の移動が増えるため、見ていて疲れてしまいます。ですから、項目名は「凡例」を使わずに、なるべくグラフの近くに置くようにしましょう。

円グラフ

　パーセンテージで示す場合には円グラフを使うとわかりやすくなります。

　全体のうち、各項目がどれくらいのパーセンテージを占めているのかを瞬時に判断することができます。

【商品Aが売上全体のどれくらいを占めているか】

棒グラフだと、これが全商品（100％）の中の割合だということがわかりづらい。

円グラフだと全商品の中での商品Aの割合が視覚的にわかりやすい。

131

【円グラフをシンプルにする】

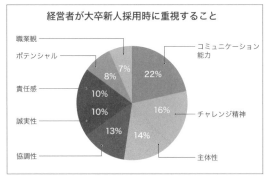

- 項目名は凡例を使わずに、引き出しているのでわかりやすいが、色が多く、見ていて疲れを感じる。
- このグラフで何が重要なことなのかがわからない。

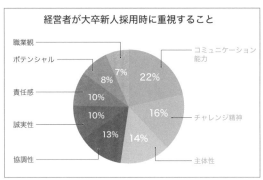

- 上位3項目を緑系で、それ以外をグレーにすることで、言いたいことが明確になる。
- このように色分けをすると、3項目が全体の半分以上を占めていることがすぐにわかる。
- 色を複数使う場合には同色系を使うと統一感があり、見やすいグラフになる。

　円グラフの使い方は他にもあります。特に多い使い方は「○○％」といった数字にインパクトを与える使い方です。例えば、「90％の人が満足しました」などのメッセージを伝えたいときに使います。

　次ページのグラフは、正確には円グラフではなく、「ドーナツグラフ」というのですが、これもよく使われるグラフのひとつです。

　ドーナツグラフは真ん中に穴が空いているので、色面積が少ないため、軽やかな印象を与えるとともに、真ん中に数字や言葉を入れることができるので、とてもコンパクトに仕上げることができるのが特徴です。

　また、1つの円グラフで3つのことを強調しようとすると、色使いが難しくなってしまいますが、グラフを並列に3つ並べることで、その問題を解消できます。例えば、「3つの事業のシェアのパーセンテージ」を伝えたい場合にはドーナツグ

ラフを3つ並べて見せることで、どれも同じ色で強調しながら見せることができます。

ドーナツグラフの真ん中に強調したい項目と数字を入れる。

3つとも強調したい場合にはグラフを分けて強調することで、使う色を増やすことなく視覚的にわかりやすくなる。

グラフをさらに効果的に見せる裏技

　グラフを使用するとき、デザインや情報の取捨選択が大切なのは、もう理解してもらえたと思うのですが、もう1つ大切なことがあります。

　それが「グラフを使う目的」です。

　例えば下図のグラフを見てください。

　A高校とB高校の東京大学の現役合格率です。

・**A高校25%**

・**B高校31%**

　となっています。

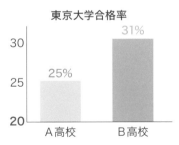

差を大きく見せたいなら縦軸を「0」から始めない。

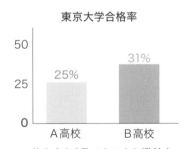

差を小さく見せたいなら縦軸を「0」から始める。

　両方とも同じ結果を表したグラフですが、左のグラフのほうが、A高校とB高校の合格率の差が大きく見えますよね。

　なぜかというと、縦軸の数値を変えているからです。

左は「20」から始まっていて、右は「0」から始まっています。

　もしもあなたがB高校の関係者なら、A高校との差を大きく見せるために左のグラフを使うでしょう。

　もしもあなたがA高校の関係者なら、B高校との差を小さく見せるために右のグラフを使うでしょう。

　つまり、「グラフを使う目的」によって、見せ方が変わってくるのです。

　差を大きく見せたいか、小さく見せたいかによって、グラフの見せ方を変えることで、より強調させることができるのです。

　もちろん「嘘」は絶対にダメですが、グラフを制作するときには、どういった目的でグラフを使用するのかをハッキリさせてから作業にとりかかりましょう。

見やすい表の作り方

文章ではなく表という選択

　グラフの項目でも説明しましたが、文章を表にできないかということも、常に考えるようにしてください。文章で伝えるのは、いってしまえば最後の手段です。画像で全て伝えられるなら画像を使用し、図解で全て伝えられるのであれば、図解で説明し、グラフや表で伝えられるのであればグラフや表を活用し、そのどれでも十分に伝えられないのであれば、最後の選択として文章があります。

　そのため、文章で説明する前に、それが表に変換できないか考えてみてください。それでは、以下の文章を例にして表に変換してみます。

　2020年10月30日と10月31日の2日間、東京にあるホテル・ザ・トーキョーで研修を行います。対象者は入社5年未満のチーフ以外の方になります。主な研修内容は、「これからのマーケティング戦略」「チーフ研修」「新入社員への接し方」になります。希望者は9月30日までに申込用紙に記入して総務部までお送りください。

研修に関するお知らせ

実施日	2020年10月30〜31日（2日間）
場所	ホテル・ザ・トーキョー（東京）
対象者	入社5年未満のチーフ以外の方
主な研修内容	・これからのマーケティング戦略 ・チーフ研修 ・新入社員への接し方
応募方法	9月30日までに申込用紙に記入して 総務部に送付

　表にすることで、内容が明確になり、とてもわかりやすくなります。

　実際に表に変換してみると、とても簡単なことだと思われるかもしれませんが、これが案外、文章を書いている本人は、表にすることでわかりやすくなる、ということに気づかないことが多いのです。

　ですから、自分で制作した資料を、客観的に見るチカラが必要になってきます。

　このような経験は、資料作りだけではなく、ビジネスメールでも効果的です。あなたのまわりにも、メールの内容がとてもわかりにくい人がいませんか？　メールで表を作ることは難しいですが、箇条書きにしたり、【 】を使ったりしてわかりやすくすることができます。

2020年10月30日〜31日にホテル・ザ・トーキョーで開催します。

文章だけのメールはわかりにくい

【開催日】2020年10月30日〜31日
【場所】ホテル・ザ・トーキョー

箇条書きだとわかりやすい

　ぜひ、文章だけではなく、他の方法でわかりやすく伝えられないか考える癖をつけるように意識してください。

シンプルな表のルール

グラフに対して、線と文字だけで構成された「表」にはデザインの余地はないと思われているかもしれません。でもそんなことはありません。細かい部分に配慮することで、見やすくわかりやすい表を作ることができます。

次の表は、よくある一般的な表です。この表にも改善点はたくさんあります。まずぱっと見た印象はどうでしょうか？少しわかりにくさを感じたかもしれません。その大きな原因は、商品名である「デコレーションケーキ」などのセルが統合されていないことと、1行おきに塗られた色になります。この部分を変更するだけでも、かなり見やすい表になります。

商品名	種類	価格(税込み)	備考
デコレーションケーキ	5号サイズ	2,500	直径15cm
	6号サイズ	3,300	直径18cm
フルーツタルト	5号サイズ	5,500	直径15cm
	6号サイズ	6,600	直径18cm
カットケーキ	モンブラン	270	
	ミルフィーユ	290	

商品名	種類	価格(税込み)	備考
デコレーションケーキ	5号サイズ	2,500	直径15cm
	6号サイズ	3,300	直径18cm
フルーツタルト	5号サイズ	5,500	直径15cm
	6号サイズ	6,600	直径18cm
カットケーキ	モンブラン	270	
	ミルフィーユ	290	

商品名のセルを統合し、1行おきの塗りをなくしたことで、すっきりして見やすくなりました。行数が多い表の場合、1行おきに塗ることで見やすくなりますが、行数が少ない場合には逆効果になりますので、塗りは外してください。

もちろんこれで完成ではありません。さらに見やすい表にするためには、線の太さと、文字の位置揃えが必要です。

中央揃え　　　　　　　　　　表の中の線を細くすることで、
　　　　　　　　　　　　　　メリハリが出て見やすくなる

商品名	種類	価格(税込み)	直径
デコレーションケーキ	5号サイズ	¥2,500	15cm
	6号サイズ	¥3,300	18cm
フルーツタルト	5号サイズ	¥5,500	15cm
	6号サイズ	¥6,600	18cm
カットケーキ	モンブラン	¥270	
	ミルフィーユ	¥290	

「名称」左寄せor中央揃え　　　左寄せ　　　　数字は単位をつけて右寄せ

　表線が太すぎると、表が「重い」印象を与えてしまうので、線の太さを調整します。さらに線はすべて同じ線にするよりも、表内の横線を細くすることで、メリハリが出て、塊として見えるようになります。また「備考」を「直径」に変更することで表内をスッキリとさせました。どうすれば、なるべく情報を減らすことができるのかということは、ここでも常に意識する必要があります。

　文字の配置のルールは、基本的には「左寄せ」ですが、名称部分は「中央揃え」でもOKです。数字は「右寄せ」にしましょう。数字は1桁目の位置が合っていないと、わかりにくくなってしまいます。右寄せにすることで、数字の桁数の差がひと目で理解できるようになります。

　さらに、数字を入れる場合には単位をつけてあげると親切です。この表の場合、単位をわざわざつけなくても、「¥」であることを理解できますが、単位をつけてあげることで、もっと素早く「¥」であることを理解してもらうことができます。

　ただし、「個数」の場合には、「○個」とつける必要はありません。また、「kg/㎡」のように長い単位ですと、表内の情報が多すぎる印象を与えてしまうので、表外の右上に「単位：kg/㎡」のように凡例を載せるようにして、表内がスッキリするようにしてください。

【表は線が必須ではない】

　表は必ず線で囲わないといけないというルールはありません。ですから、極力不要な要素を取り除くことを考えると、線もその対象になるのです。線があまり主張しすぎるとシンプルさを損なってしまいますので、線の強弱も大切です。

　ここでは、どんな表のデザインがあるのかを見ていただきます。

展示ゾーン	ゾーン名称	展示内容
A	コミュニケーション	社内外の意思疎通を円滑にする
B	オンラインツール	リモートワークの推奨
C	ヘルスケア	人間工学に基づいたオフィス家具

両端の線をなくす

展示ゾーン	ゾーン名称	展示内容
A	コミュニケーション	社内外の意思疎通を円滑にする
B	オンラインツール	リモートワークの推奨
C	ヘルスケア	人間工学に基づいたオフィス家具

横の線をなくす

展示ゾーン	ゾーン名称	展示内容
A	コミュニケーション	社内外の意思疎通を円滑にする
B	オンラインツール	リモートワークの推奨
C	ヘルスケア	人間工学に基づいたオフィス家具

縦の線をなくす

展示ゾーン	ゾーン名称	展示内容
A	コミュニケーション	社内外の意思疎通を円滑にする
B	オンラインツール	リモートワークの推奨
C	ヘルスケア	人間工学に基づいたオフィス家具

項目部分の線と塗りをなくす

展示ゾーン	ゾーン名称	展示内容
A	コミュニケーション	社内外の意思疎通を円滑にする
B	オンラインツール	リモートワークの推奨
C	ヘルスケア	人間工学に基づいたオフィス家具

線をすべてなくす

　線をなくしてみると、とてもシンプルな表を作ることができます。ただし、線をなくして、それぞれの要素の境目がわかりにくくなってしまうと、シンプルにした意味がないので、線をなくすときには、表内にたくさん余白がとれて、ゆったりとレイアウトできる場合のみ試してみてください。あくまでも「わかりやすさ」は損なわないことが基本です。

　私のオススメは「**両端の線をなくす**」表です。各内容の境界が明確でありながらも、両端の線がないため、閉塞感がなくスッキリとしたデザインにすることができます。

　それではもう一度、表を制作する際のルールをまとめます。
・**統合できるセルは統合する**
・**行に塗りは使わない**
・**線の太さに強弱を与える**
・**項目名は「中央揃え」数字は「右寄せ」**
・**数字には単位をつける**
・**なるべく情報を減らす**
・**線を減らしてみる**

　上記ルールを意識しながら表を制作してみてください。

記号を使ってさらにわかりやすく

　表を構成する基本的要素は「文字」ですが、文字よりも伝わりやすい表現があります。それが「記号」です。

　記号とは「○」「×」「△」「✓」のことです。サービスの有無を伝える表や、評価を伝える表などで使うことができ、文字で「有り」「無し」と書くよりも「○」「×」のほうがすぐに理解することができます。

サービス名	ライト	スタンダード	プロ
ページ数	5	15	25
企画	有り	有り	有り
デザイン	有り	有り	有り
SEO対策	無し	有り	有り
コンテンツ	無し	無し	有り
1ヶ月サポート	無し	無し	有り

「有り」「無し」だと少しわかりにくい

サービス名	ライト	スタンダード	プロ
ページ数	5	15	25
企画	○	○	○
デザイン	○	○	○
SEO対策	×	○	○
コンテンツ	×	×	○
1ヶ月サポート	×	×	○

「○」と「×」で表現

サービス名	ライト	スタンダード	プロ
ページ数	5	15	25
企画	○	○	○
デザイン	○	○	○
SEO対策	−	○	○
コンテンツ	−	−	○
1ヶ月サポート	−	−	○

「○」と「−」で表現

サービス名	ライト	スタンダード	プロ
ページ数	5	15	25
企画	✓	✓	✓
デザイン	✓	✓	✓
SEO対策		✓	✓
コンテンツ			✓
1ヶ月サポート			✓

「✓」だけで表現

表内に文章を入れない

　表はスペースが少ないため、文章を入れるととても窮屈に感じます。ページいっぱいの大きな表でしたら、問題ありませんが、小さな表の中に文章を入れたい場合には、箇条書きにしてコンパクトに伝えるようにしましょう。

レベル	目的	研修内容
1	コミュニケーション力向上	笑顔で挨拶をすること、聞き上手になること、そして相手との共通点を探して共感することを学ぶ
2	ソフトスキル向上	Word、Excelの使用頻度が高いため、この2つのソフトスキルは必須。個人のレベルに合わせたプログラム
3	文章力向上	ビジネスでは、文章力が必要なので、メールの書き方や簡単な資料の作成方法、議事録の書き方を選ぶ

表内に文章があると読みづらい

レベル	目的	研修内容
1	コミュニケーション力向上	・笑顔で挨拶 ・聞き上手になること ・相手との共通点を探す
2	ソフトスキル向上	・Wordスキル ・Excelスキル ・個人に合わせたプログラム
3	文章力向上	・メールの書き方 ・簡単な資料の作成 ・議事録の作成

箇条書きにすることで、スッキリして読みやすくなる

表で強調する

　強調する部分を明確にすることで、何が伝えたい表なのか、すぐに理解できるようになります。背景に色をつけたり、文字を太くして色をつけたりすることで、メリハリが生まれて見やすくなります。

　例えば、「合計」や「価格」、「一番オススメしたいプラン」などで使えます。

学年	クラス	人数
1年生	6クラス	182人
2年生	6クラス	205人
3年生	5クラス	153人
合計		540人

合計部分を強調

プラン	内容	価格
ベーシック	初心者向け	¥4,500
カスタム	必要なものが揃う	¥6,000
プレミアム	制限なし	¥12,000

価格を強調

サービス名	ライト	スタンダード	プロ
ページ数	5	15	25
企画	✓	✓	✓
デザイン	✓	✓	✓
SEO対策		✓	✓
コンテンツ			✓
1ヶ月サポート			✓

オススメを強調

　グラフも表も一度、自分の中でルールを決めてしまえば、それ以降の制作がとても楽になります。これまで、グラフや表を制作するたびにデザインや表現方法に悩まれているのでしたら、本章を参考にしてルールを決めてみてください。

第 7 章

直感的な理解を助ける
デザインテクニック

私は、資料作りに関するメルマガを発行しているのですが、その会員さんに質問したところ、「自分でキレイな資料を作りたいけど作れない」と悩まれている方が69.1％もいました。そうです。皆さん資料のデザインが苦手なのです。皆さんの仕事は資料をデザインすることではないにもかかわらず、デザインすることに悩み、多くの時間を割いてしまっているのです。

　しかし、デザインだけ素晴らしければいいということではありません。私はこれまでに、デザインにこだわりすぎて、中身がよく理解できない資料にたくさん出合ってきました。

デザインは失敗したコンテンツを救うことはできない

エドワード・タフテ（アメリカの統計学者、作家）

　デザインは最低だったとしても内容が最高の資料であれば、提案を受け入れてもらえることはありますが、デザインは最高でも内容が最低の資料では、提案を受け入れてもらえることはありません。

　ですから、まずはあなたが伝えたい内容に十分時間をかけてください。そうすると文章だけでは伝わりにくい部分が出てくるはずです。そこをデザインでわかりやすくしてあげるのです。

　資料におけるデザインは、あなたが伝えたい内容を、読み手が理解しやすくするための「橋渡し」のような存在です。決して、センスを褒められるためにデザインするわけではないのです。

　デザインが橋渡し役として機能している資料は、直感的に理解することができます。そのために必要なことが**「伝わりやすくすること」**です。さらに、デザインにはもう１つの役割があり、それが**「期待値を高めること」**です。この２つの要素で資料のデザインは成り立っています。

　本章では、デザインに悩む時間を減らし、誰でもデザインされた資料を作れるようになることを目指していきます。

資料におけるデザインの2つの要素

伝わりやすくすること

　資料におけるデザインとは「装飾すること」ではありません。装飾することがデザインだと勘違いしてしまうと、どんどん色々なモノを付け加えていき、ごちゃごちゃとしたデザインになってしまいます。そうなると資料を読んでいても、どこが重要なのかわからず、読み手を迷わせ、ストレスを与えてしまいます。

　ですから、装飾がたくさんされたデザインを目指すのではなく、誰が見ても直感的に理解できるシンプルなデザインを目指すようにしましょう。

　では、直感的に理解できるデザインにするためには何が必要かというと、それは、「**コントロールしサポートする**」ことと「**過去の経験に則る**」ことです。

【コントロールしサポートする】

　資料に込めた意図を正確に理解してもらうために、あなたはすでにデザインしていると思います。

　例えば、一番伝えたいと思っているメッセージを小さい文字で表現し、特に重要ではないメッセージを大きい文字で表現することはしませんよね。一番伝えたいメッセージを大きい文字で表現するはずです。

　なぜなら、文字を大きくすることで、読み手の注意をひくことができ、視線を誘導することができるからです。そうすることで、そのメッセージが重要であることも理解してもらえます。

　つまりデザインで、読み手の視線を「コントロール」し、読み手が理解しやすいように「サポート」しているわけです。

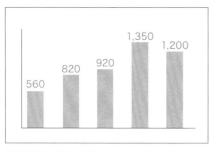

説明がないと何が言いたいのかわからない

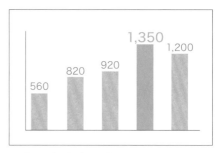

説明がなくても重要な部分がわかる

　読み手を、コントロールし、サポートするためには5章でお伝えした「文字の強調」「レイアウト」「図解」などを正しく実践する必要があります。

　それぞれを正しく使うことで、「大事なメッセージ」や「要素の関係性」、「補足的な説明」など、あなたが資料で伝えたい意図を、わざわざ説明することなく、正確に伝えることができます。

【弊社の体制】
・本社
・さいたま支店
・浦和支店
・川口支店
・戸田支店

さいたま支店が窓口となり、本社をトップとした4つの支店で連携を保ちながら、万全の体制で臨みます。

説明文が必要な資料

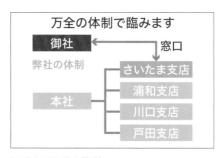

説明文が不要な資料

　私たちが資料のデザインでやらなければいけないのは、余計な説明を省き、直感的に理解できる資料デザインなのです。

【過去の経験に則る】

　私たちは過去の経験や記憶によって、それが何を意味しているのかを理解します。例えば、「青色は進め」で「赤色は止まれ」だということを、子供の頃から教わってきました。そのため、急に法律が変わって「青色で止まれ」「赤色で進め」と言われたら大混乱しますよね。

　他にも、パソコンの電源ボタンの「C」に棒が刺さっているようなマークは、今

となっては、「このボタンを押せば起動する」ということが当たり前ですが、パソコンが普及する前には、このマークが電源ボタンだと認識できなかったと思います。

　私たちは、過去の経験から物事を瞬時に判断することができます。ですから、**直感的に理解できるデザインにするためには、過去の経験にならうことで圧倒的に素早く理解しやすくなります。**

　例えば、食事を示すアイコンなら「フォークとスプーンと食器」を使えば誰でも簡単に理解できます。勉強を示したいのなら「鉛筆とノート」のアイコンを使用するとわかりやすいでしょう。ただし、もしかしたら30年後には「鉛筆とノート」ではなく、「タブレット」のアイコンのほうが、理解しやすくなるかもしれません。

　このように常に経験は更新されていくので、その時代や環境に合ったデザインを選択する必要があります。

　私たちはデザイナーではありませんので、資料のデザインに斬新や革新はいらないのです。今までに使い古されたデザインを使用して、誰にでもわかりやすく、シンプルなデザインにすることがもっとも優れたデザインなのです。

期待値を高めること

　余計な説明を省き、直感的に理解できるデザインが資料では必要なのですが、極論をいってしまえば、余計な装飾を付けなくても理解できるなら、文字だけでもいいのです。きれいな色使いなどもしなくてもいいわけです。

ブレンド コーヒー	アメリカン コーヒー
豆の個性を組み合わせることで、味を安定させ好みの味を作り出したコーヒーのこと	「豆を浅く焙煎したコーヒー」。酸味が強く、さっぱりとした味わいを楽しむことができる

装飾をして2つの要素があることを
理解してもらう。

ブレンド コーヒー	アメリカン コーヒー
豆の個性を組み合わせることで、味を安定させ好みの味を作り出したコーヒーのこと	「豆を浅く焙煎したコーヒー」。酸味が強く、さっぱりとした味わいを楽しむことができる

装飾をなくしても2つの要素があることが
理解できる。

しかし、デザインにはもう1つの側面があります。それが「期待値を高めること」です。

例えば、KIRINの「生茶」はパッケージデザインをリニューアルすることで売上が144%増えたといいますし、Web広告では、伝える中身や構成は一緒でも、背景の色を変えただけで、成約率が2倍に高まった事例もあります。他にも探せばこのような事例はたくさん見つかります。

内容は変わっていなくても、デザインを変えることで、成果が高まることがあるのです。

さらにデザインが優れていると期待感が高まるだけではなく、信頼も獲得することができます。

スタンフォード大学のWeb信頼性調査によると、ユーザーの約75%が、Webサイトのデザインの良し悪しで企業の信頼性について判断することが報告されています。

もしあなたが、大切なパートナーへのプレゼントを買いに行くとしたら、だらしない格好の店員がいるお店には行かないでしょう。「だらしない格好の店員＝商品の質が悪い」という直接的な因果関係はないにもかかわらず、あなたはきっと、清潔感がある店員のいるお店に行きたいと思うはずです。

レクサスやグッチ、アップルなどのホームページは洗練されたデザインです。それはブランドイメージを保つためでもあり、お客さんに期待を抱かせ、信頼を得るためでもあるのです。

資料でも同じように、良質なデザインを提供することで、読み手の期待値を高め信頼を得ることができます。期待と信頼を得ることができれば、最初からポジティブな姿勢で資料を読み始めてもらうことができます。

しかし、正直なところ、プロのデザイナーでもない限り、デザインで期待値を高めることは至難の業ですし、どのデザインの効果が高くなるのかテストも必要になってきます。

　そのため、私たちがやるべきことは、完璧なデザインの資料を作るのではなく、読み手に好感を与え、少しだけ期待が高まるデザインの資料を目指していくことなのです。

　私も皆さんと同じように、グラフィックデザイナーではないので、完璧なデザインは目指していません。デザインに使う時間があるなら、今より、もっとわかりやすい表現はないか、もっとイメージしやすい言葉はないか、もっと読みやすい構成はないかといった、内容を磨き上げることに多くの時間を費やして資料を制作します。

　「読み手に好感を与え、少しだけ期待が高まるデザイン」と言われても、この時点ではまだ、イメージが湧かないかもしれませんが、「余白の使い方」や「色の選び方」を知ることで、好感を与え、少しだけ期待値が高まるデザインにすることができます。

好感を与える余白の使い方

残念な資料に共通すること

　「これはひどいデザインだ」と感じる資料には共通点が大きく2つあります。それは「色使いがめちゃくちゃ」と「余白がまったくない」の2つです。色使いについては、様々な色が使われていては、見づらくなるということは、これまでにお伝えしてきました。色の扱い方については、後ほど詳しくご説明します。

　案外、知られていないことが「余白の使い方」です。余白がなく、ぎゅうぎゅうに詰め込まれた資料は、見た瞬間

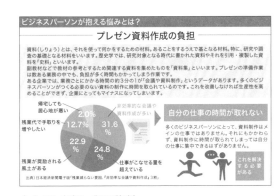

余白がなく読みづらい資料

に読む気をなくしてしまいます。

　P149の資料のように、情報が詰め込まれた資料は、「これを今から読んで理解しないといけないのか」と読み手を落胆させてしまいます。この資料を見て、ワクワクすることはありません。ですから読み手を落胆させず、好感を持たれる資料にするためには、「余白」があり、スッキリとしたデザインにすることが大切なのです。

読まれる資料には余白がある

　資料を制作していて気づいたことがあります。それは「余白」を嫌っている人が実に多いということです。余白があると、そのスペースをもったいなく感じてしまい、そこに情報を入れたくなり、まるでパズルのピースをはめていくように、隙間を情報で埋めていこうとします。しかし、この努力は残念ながら報われません。余白を埋めようと努力すればするほど、読み手の興味は失われていきます。

　一方、余白がある資料はそれぞれの内容が独立して見えるので、目にやさしく、読む意欲を高めてくれます。

【余白がない資料】
情報を詰め込むことで、余白がなくなり、緊迫感や息苦しさを感じて、読む気がなくなってしまう。

【余白がある資料】
情報を詰め込むことをやめ、余白を設けることで、情報が整理されている印象を受ける。

　様々な装飾で余白を埋めようとする場合もあります。しかし、装飾を足していった結果、ごちゃごちゃとしてしまい、どこを見ていいのかわからなくなってしまいます。これは余白を埋めようとするだけではなく、デザイン性を高めたいと

いう考えからも、失敗を招いてしまう典型的な例です。装飾をすればするほどデザイン性の高い資料になるわけではありません。むしろ逆で、どれだけ引き算をしてシンプルなデザインにすることができるかという点に、焦点を絞るようにしましょう。

【装飾がたくさんされたデザイン】

背景がごちゃごちゃしていて肝心の文章が読みづらい。

【引き算したデザイン】

色や装飾を少なくすることで、文章が読みやすくなる。

「余白」は「余った白い部分」と書きます。余っているからもったいなく感じるのかもしれません。ですから「余白」と考えるのではなく、「余裕」と考えるようにしてください。余白のあるデザインではなく、余裕のあるデザインを目指すようにしましょう。

余白が持つメリット

余白には、資料を読みやすくする効果があるだけではなく、他にもメリットがあります。

・理解力が高まる

・情報をシンプルにできる

・質の高さを感じられる

【理解力が高まる】

余白には、情報の干渉を緩和させる効果があり、それぞれの情報がわかりやすくなります。

いくつかの情報があるとき、それぞれをしっかり伝えようとして、大きな文字で埋めようとすると、お互いの距離が近くなり、見づらくなってしまいます。それを防ぐために、それぞれの情報のあいだに余白を設けることで、読みやすくなると同時に、各情報の関係性をすぐに理解することができます。

仕事関係の人と良い関係を
築くための質問力

【質問力は重要なスキル】
質問するためには、会話の内容を理解しなくてはいけません。
見当違いの質問をしてしまったり、先ほど聞いたばかりの話に対して、同じ質問をするといった行為は、相手を不愉快にしてしまいますし、あなたの信用を損なうことになります。

仕事関係の人と良い関係を
築くための質問力

【質問力は重要なスキル】
質問するためには、会話の内容を理解しなくてはいけません。
見当違いの質問をしてしまったり、先ほど聞いたばかりの話に対して、同じ質問をするといった行為は、相手を不愉快にしてしまいますし、あなたの信用を損なうことになります。

【情報が干渉している】

余白がないため、それぞれの情報が主張して読みづらく、緑文字が上下どちらのことを指しているのかわかりにくい。

【余白がある資料】

余白があるため、読みやすく、緑文字が下の文章の見出しであることがわかる。

【情報をシンプルにできる】

余白を作ろうと思ったら、ページ内にある文章や図版を小さくするか、内容を削るかの二択しかありません。文章や図版を小さくするのは限界がありますから、それ以上、余白をとるためには、内容を削ることになってくるのです。

これがとても大きなメリットになります。

余白を作ることで、ページが見やすくなり、さらに余計な文章や情報が削られることでシンプルになるので、読み手ファーストな資料が作れます。

【質の高さを感じられる】

資料を作成していると「もっと文字を大きく」と言われることもあるかもしれ

ません。小さい文字は読めませんから、文字を大きくして読みやすくすることは正しいことです。

　しかし、あまりにも文字を大きくしすぎて、ぎゅうぎゅうなレイアウトにしてしまうと、苦しい印象を受け、読みにくくなってしまいますし、デザイン性が損なわれる恐れがあります。

　高級品を扱っているWebサイトや、品質の良いものを扱っているWebサイトを一度覗いてみてください。どれも情報が詰め込まれておらず、ゆったりとした余裕のあるレイアウトで、上質な印象を感じることができます。

　あなたの扱っているものが高級なものではなくても、資料で上質な印象を与えることは決して悪いことではありません。むしろ、上質な印象を与えることで、期待値を高めてくれます。

**上質な
生活スタイルを**

いつでもリラックスでき、くつろげる空間をご提案します。

**上質な
生活スタイルを**

いつでもリラックスでき、
くつろげる空間をご提案します。

【文字が大きく余白がない】
文字を大きくすることは大切だが、必要以上に大きくして、余白がなくなると、幼稚な印象を与えてしまう。

【文字の大きさが適正で余白がある】
文字を適正な大きさにして、余白をたっぷりとることで、品質の高さを感じられる。

余白の作り方

　余白はただ隙間をあければいいというわけではありません。明確な意図を持って余白をコントロールしないと、逆にバラバラな印象を与えてしまいます。

　余白を作るときに気をつけてもらいたいのが、「**近接**」「**バランス**」「**集合**」です。

【近接】

　ある情報が所属しているグループを明確にすることで、読み手を迷わせません。

【誤った近接がされている】
「一番伝えたいメッセージ」が上部のコンテンツ（画像と文章）の見出しのように見えてしまう。

【正しい近接がされている】
「一番伝えたいメッセージ」が2つのコンテンツのメッセージだということがわかる。

【バランス】

　余白のバランスをとることで、情報にまとまりが生まれ、調和を感じることができます。

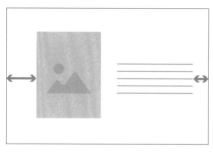

【バランスがとれていない】
左端と右端の隙間の間隔が合っていないのでバランスが悪い。

【バランスがとれている】
左端と右端の隙間の間隔が同じなのでバランスがよく、安定した印象を与える。

【集合】

　各コンテンツを集合させることで、それぞれが独立したコンテンツであることがすぐに理解できるので読みやすくなります。

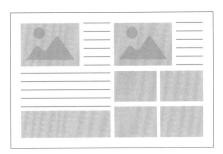 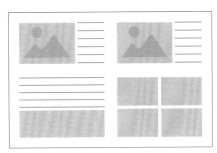

[集合ができていない]

余白がないと、全てのコンテンツがつながって見えるので、読みにくい。

【集合ができている】

各コンテンツの干渉を避け、隙間をあけることで、それぞれが独立したコンテンツであることがわかり、読みやすくなる。

読み手に好感を与える色使い

色に関する知識は「補色」だけ

　色の使い方や選び方に、苦手意識がある人は多いかもしれません。なぜなら、色について知ろうとすると、多くの知識が必要になるからです。

　資料を制作するうえでの「色使い」にはそんなに難しい知識は必要ありませんが、1つだけ、覚えておいてもらいたい色の知識があります。

　それが「**補色**」です。

　色というのは「黄→緑→青→紫→赤→橙→」というように光に波長の変化によって、連続的に変わっていきます。これを円状にしたものを「**色相環**」といいます。補色とはこの色相環のなかで、反対に位置する色のことをいいます。

【色相環】
色相環の反対に位置する色が補色関係

　例えば、水色の補色は赤色です。紫色の補色は黄緑色です。このように色相環を利用して補色を探していきます。

　なぜ補色を知ることが大切なのかというと、補色とはお互いの色を強調するために重要な役割を持っているからです。この法則を知っていれば、強調したい箇所などに補色を使うことで、より印象付けることができるのです。

【補色を使っていない配色】
強調したいところがわかりにくい

【補色を使った配色】
強調したいところがすぐにわかる

使う色は2色だけ

多くの色を使えば使うほど、資料の統一感が失われ、まとまりがなく見づらいデザインになってしまいます。特に問題なのが、**色がたくさん使われていると「一番伝えたいことが見えてこない」**という点にあります。

そのため、色を扱う際にはルールが必要です。

それが、「**使う色は2色だけ**」というルールです。

2色と聞くととても少なく感じるかもしれませんが、そんなことはありません。2色だけに限定することで、資料に統一感が出て、好感を持てるデザインにすることができます。

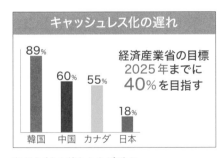

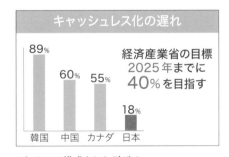

色がたくさん使われたデザイン

2色のみで構成されたデザイン

2色だけといっても、「黒」や「グレー」や「白」は別なので、正確にお伝えすると、あなたが選んだ「2色」＋「黒・グレー・白」を使用するようにします。

ではこの２色はどうやって決めればいいのかというと、まずは「**メインカラー**」と「**アクセントカラー**」を決めるようにしましょう。

　メインカラーとはあなたが制作する資料で多く使われる、まさにメインで使用する色のことです。アクセントカラーとは強調したい部分や、デザインとしてアクセントを入れたい部分に使う色で、メインカラーの補色になる色のことです。

　これら２つの色を使う割合として、だいたい7:3ぐらいで使うことを目安にするとキレイな資料が作れるようになります。

　メインカラーとアクセントカラーのみで構成していくと色が多く感じる場合には、黒やグレーも上手く使いながら配色していくとキレイな資料を制作することができます。

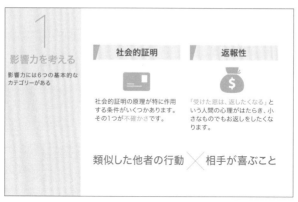

グレーを使って色を抑えたデザイン

使う色を決める

【メインカラーの決め方】

　メインカラーはその資料の印象を決定するための大切な色ですので、慎重に選ぶ必要があります。

メインカラーを決めるうえで、もっとも簡単な方法は、あなたが所属している企業や団体、学校を象徴するコーポレートカラーを使用することです。

企業カラーを使ったデザイン
「メルカリのイメージ」

企業カラーを使ったデザイン
「TSUTAYAのイメージ」

自社ロゴの色や、自社ホームページでの配色を使用することで、色に悩むこともありませんし、ブランドとしての一貫性を主張することもできます。

もしもコーポレートカラーがない場合や、コーポレートカラーを使いたくないという場合には、無理して使う必要はありません。好きな色や、提案にあった色を使ってください。

コーポレートカラーをメインカラーに使いたいけど、「うちの会社は強い色味の赤色だからメインカラーに使いにくい」とお困りの方もいるかもしれません。そのような場合には、「グレー」をメインカラーに設定し、コーポレートカラーをアクセントカラーにすることで、落ち着いた印象のデザインにすることができます。

強い赤色がメインカラーのデザイン

グレーをメインカラーにしたデザイン

【アクセントカラーの決め方】

　メインカラーが決まったところで、次はアクセントカラーを決めていきます。

　アクセントカラーとは、資料の中で強調したい部分や、目立たせたい部分で使う色でしたね。

　アクセントカラーの決め方は、先程お伝えした補色を使うようにします。

　青色がメインカラーなら、アクセントカラーは赤色。黄緑色がメインカラーなら、アクセントカラーは紫色になります。

　ただし、アクセントカラーに補色を必ず使うとなると、メインカラーを決めた時点でアクセントカラーは決まってしまいます。すると、あまり気に入らないアクセントカラーを使うことになる場合もあります。そのようなときには、「**暖色**」と「**寒色**」で考えてください。

「暖色」は赤やオレンジなど温かみのある色で、「寒色」は青や緑などの冷たさを感じる色のことです。

　メインカラーが「暖色」なら、補色は「寒色」の中から好きな色を選ぶようにし、メインカラーが「寒色」なら、補色は「暖色」から選ぶようにすることで、アクセントカラーの選択肢が広がります。

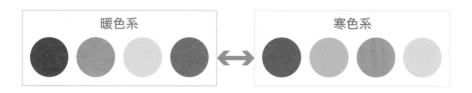

色使いはプロの真似をする

　ここまで、「補色」や「メインカラー・アクセントカラー」など、色の扱い方についてお伝えしてきましたが、今の時点ではまだ、好感の持てる色を使った資料を作るのは難しいかもしれません。なぜなら、好感の持てる色の資料を作れるようになるためには、まだまだ学ぶべきことがたくさんあるからです。

　例えば、「赤色」といっても「明るい赤」や「くすんだ赤」、「黄色っぽい赤」など多数の赤色が存在します。

「赤色」といっても様々な色味の赤色がある。

　色は通常の人が把握できるだけでも、100万色以上の数があるといわれています。100万色以上の中から、たった2色を選ぶのは簡単なことではありません。

　例えば、次のプラン表の左側の色使いは、少し強く感じます。しかし、色を調整した右側の色使いは落ち着いた色味で見やすく感じますよね。少しの差ですが、印象は全く変わってきます。

色味が強いデザイン　　　　　　　　　　落ち着いた色味のデザイン

　このように、色選びは繊細な作業と経験が必要になってきます。だからといって、多くの方は「色」について学ぶ時間はないと思いますので、本項目では、誰でも短時間で美しい色使いの資料を作ることができるテクニックを紹介します。

　そのテクニックが「**Pinterestを使ってプロからパクる**」という方法です。

【Pinterest（ピンタレスト）】

Pinterestとは Instagram に少しだけ似ていて、様々な人が投稿した画像（作品）を見ることができます。
ただSNSとは少し違っており、どちらかというと検索エンジンのように使うことができ、自分の興味のあるキーワードを検索窓に打ち込めば関連した画像が表示される、といったサービスです。インターネットで「Pinterest」または「ピンタレスト」で検索するとすぐに出てきます。初めての方は Pinterest にアクセスして、アカウント（無料）を取得すれば簡単に使い始めることができます。

Pinterestの検索窓で「プレゼン」や「資料 デザイン」、「提案書」、「パンフレット」など、調べたいキーワードを打ち込むと多くの画像が検索結果に表示されます。そしてこれらの画像の中から、あなたが気に入った資料の画像を選択して、その色使いを真似するのです。

Pinterestで表示される作品画像は、ほとんどがプロやデザイナーが制作したものなので、色味がとてもキレイですし、2色で構成されているものは、しっかり補色の関係を考慮した色使いになっています。ですからアクセントカラーの組み合わせに迷うこともありません。

さらにこの方法の優れている点は、色の全体的なイメージを事前に確認できる所にあります。すでに完成された資料のイメージが確認できることで、その色使いを真似して作ったら、どのような仕上がりになるのかを、制作前に把握することができます。

【Pinterestを使って色を真似する方法】

ここでは、Power Pointを例に作業を進めていきますが、Wordでもほとんど同じ使い方ができます。

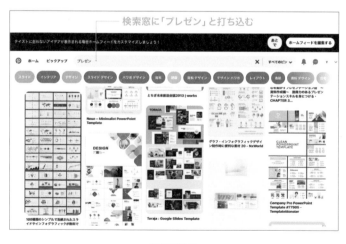

1. Pinterestにアクセスする
2. 検索窓に「プレゼン」と打ち込む
3. 検索結果にプレゼンに関する様々な画像が表示される
4. その中から気に入った画像をクリック

5. 画像の上で「右クリック」
6. 「名前を付けて画像を保存」を選択
7. 任意の場所に画像を保存

1. Power Point（Word）を開く
2. 先程、保存した画像を挿入する
3. 四角形を2つ描く

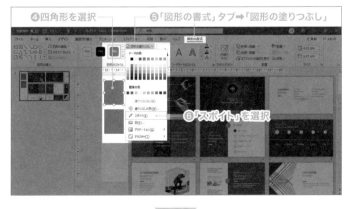

4. 1つの四角形を選択
5. 「図形の書式」タブ➡「図形の塗りつぶし」を選択
6. 「スポイト」を選択

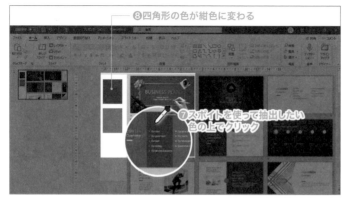

⑧四角形の色が紺色に変わる

⑦スポイトを使って抽出したい色の上でクリック

7. スポイトが表示されるので、メインカラーにしたい色の上でクリック
8. スポイトで抽出した色に四角形の色が変わる

⑩四角形の色が赤色に変わる

⑨アクセントカラーとなる色をスポイトでクリック

9. アクセントカラーも同じ手順で抽出する
10. もう1つの四角形の色が抽出した色に変わる

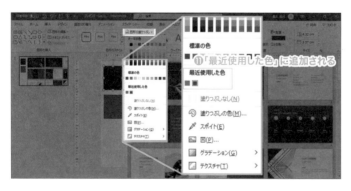

⑪「最近使用した色」に追加される

11.「図形の塗りつぶし」で確認すると、「最近使用した色」に追加されるので、ここから色を選択して使うことができる

【抽出した色をカラーパレットに登録する方法】

　抽出した色を使いたいときには、「最近使用した色」パレットから色を選択すれば、使うことができます。ただ、カラーパレットに登録しておくと、別のデータでも使うことができますし、色の濃淡も自動で生成してくれるので、できれば、カラーパレットに登録しておくことをオススメします。

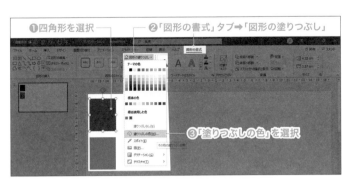

1. 先程、色を抽出した四角形を1つ選択
2. 「図形の書式」タブ➡「図形の塗りつぶし」を選択
3. 「塗りつぶしの色」を選択

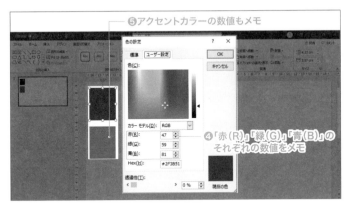

4. メインカラーとなる色の「赤（R）」「緑（G）」「青（B）」のそれぞれの数値をメモしておく
5. アクセントカラーの色も同じ手順で各数字を確認し、メモしておく

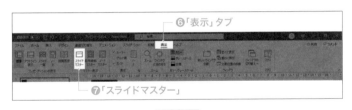

6. 「表示」タブを選択
7. 「スライドマスター」を選択

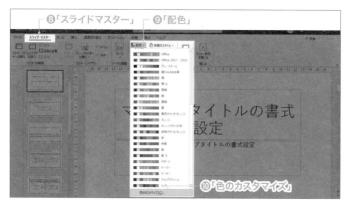

8. 「スライドマス
   ター」タブを
   選択
9. 「配色」を選択
10. 「色のカスタマ
    イズ」を選択

11. 「アクセント6」 ➡ 「その他の色」を選択
12. 先程メモしておいたメインカラーの数値
    を入力➡「OK」を選択
13. 「アクセント5」 ➡ 「その他の色」を選択
14. メモしておいたアクセントカラーの数値
    を入力

166

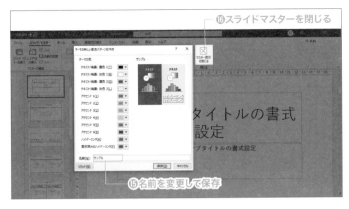

15. 名前を変更して保存
16. スライドマスターを閉じる

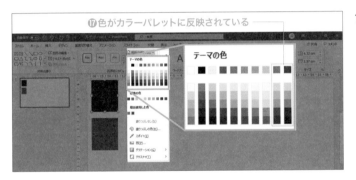

17. メインカラーとアクセントカラーの2色がカラーパレットに反映されていることを確認

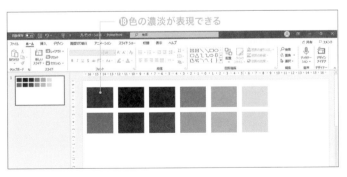

18. 色の濃淡を表現でき、色の濃淡を変えられると、色の統一感を保ったまま多彩な表現をすることができる

色を使ってさらにわかりやすく

色の持つイメージを尊重する

　色にはそれぞれが持つイメージというものがあります。例えば、「結婚式」という言葉で連想できる色は「白色」ですよね。「危険」と書かれた看板には「赤色」や「黄色」が使われます。

　私たちは普段の生活でたくさんの色に接してきたことで、意識しなくても様々なイメージと結びつけることができます。そして、それは案外、強い結びつきを持っています。ですから、色のイメージとメッセージがあまりにかけ離れてしまうと、資料を見ている人は混乱してしまう恐れがありますので、明確な目的がない限り、色が持つイメージから逸脱した用途で使わないようにしましょう。

　面白いことに、ほとんどの色には「プラスのイメージ」と「マイナスのイメージ」があります。例えば、赤色には「情熱・活動的・エネルギー」といったプラスのイメージと「危険・暴力」というマイナスのイメージがあります。

　ですから、色を扱う際には十分に注意してください。

　同じ資料内で、1ページ目では赤色を情熱の象徴として使っていたのに、2ページ目では赤色を危険を示す色として使ってしまうと、読み手は混乱してしまうので、必ず使い方を統一するようにしましょう。

資料を見やすくするコントラストの使い方

　コントラストとは、「色や大きさの差」のことです。コントラストのない資料は、読みにくくなり、ぱっと見て理解することが難しくなります。

　色の場合、コントラストは「明暗の差」のことになります。「明暗の差」が大きければ大きいほど、視認性が高まります。逆に「明暗の差」が小さければ小さいほど視認性が低くなります。

　例えば、黄色にオレンジとか、青に緑といった近い色や、色の明るさが近いも

のだとその差がわかりづらいため、視認性が悪くなります。

視認性が悪い　　　　　視認性が悪い

背景と文字の色の明るさが近いと見づらい

　デザイン性を高めるため、背景に色を置くこともあるかと思いますが、下の左の図では、背景に色があることで、協調したいと思っている赤文字が目立っていませんよね。それよりも黒文字のほうが目立ってしまっています。

　右の図のように、背景が白のほうが明らかに読みやすいですし、協調したい赤文字が目立って見えます。

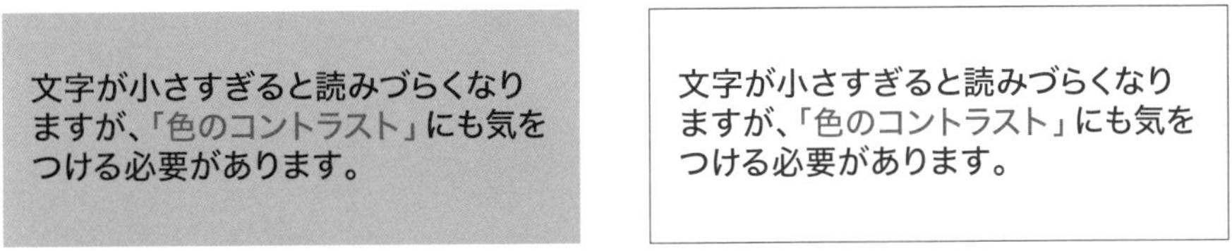

文字が小さすぎると読みづらくなりますが、「色のコントラスト」にも気をつける必要があります。

文字が小さすぎると読みづらくなりますが、「色のコントラスト」にも気をつける必要があります。

背景に濃い色があると読みづらい　　　背景が白で明暗の差があるので読みやすい

　資料の見栄えを良く見せようとすることは、悪いことではありません。しかし、少しでも方法を間違えてしまうと、逆効果になってしまうので注意してください。

　では、どのようにコントラストをつけるのかといいますと、コントラストをつけるために一番手っ取り早い方法は、色のついた背景の上に文字を置く場合、背景には濃い色を使い、文字は白文字にしてしまうことで簡単にコントラストをつけることができます。

視認性が良い　　　　　視認性が良い

背景と文字の明暗の差をはっきりさせる

　また、色のついた背景に文字を置きたいという場合には、背景の色をできるだけ薄くして、文字は濃い色（黒色）を使うようにします。

169

視認性が良い	視認性が良い

背景を薄い色にして濃い色の文字にする

　プレゼンテーションではプロジェクターでスクリーンに映し出す際に、少し色が薄くなってしまうので、背景に薄い色を使っても見えなくなってしまうことがあります。そのため、プロジェクターを使用する場合には、強めのコントラストでハッキリ見せるようにしましょう。

【コントラストのある見やすい資料】

　ここまで、デザインについての基本やテクニックについてお伝えしてきました。ここでは、メインカラーとアクセントカラーを使ってコントラストのある資料をいくつかご紹介するので、メインカラーとアクセントカラーの使用比率などを参考にしてみてください。

メインカラーとアクセントカラーが使われたデザイン例1

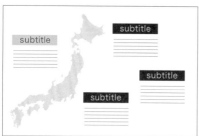

紺色をメインカラーにして黄色をアクセントカラーに設定したデザイン。
アクセントカラーは1ページに1回必ず出すというルールはないので、
アクセントカラーがないページも存在する。

メインカラーとアクセントカラーが使われたデザイン例2

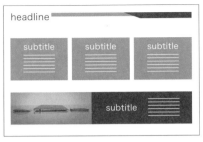

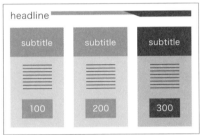
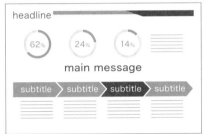

青色をメインカラーにして赤色をアクセントカラーに設定したデザイン。
赤色のような強い色は目をひくので、重要なメッセージが際立つ。

メインカラーとアクセントカラーが使われたデザイン例3

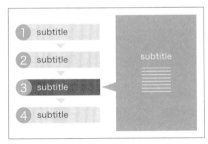
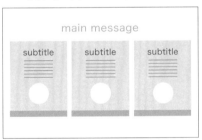

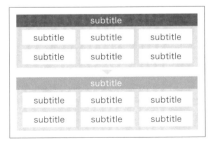

グレーをメインカラーにして水色をアクセントカラーに設定したデザイン。
グレーをメインカラーにすると、落ち着いた雰囲気のデザインになる。さらにグレーがメインカラーだと、
少しくすんだ青色でも、アクセントカラーとして十分に目立たせることができる。

デザインで好感を与えるちょっとしたコツ

デザインの統一感を保つこと

　色については、もうすでに何度もお伝えしてきましたが、たくさんの色は使わないことです。色を限定することで資料に統一感が生まれます。しかし実は、統一感を失う原因は色だけではありません。それが「形」です。

「形」には「丸」「四角形」「三角形」「ひし形」「台形」「五角形」など様々なものがありますが、これも種類を統一することで、資料のデザイン性を高めます。

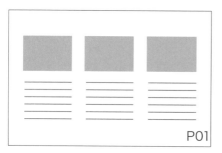
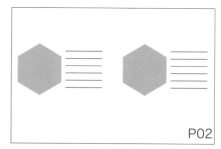

ページが変わるごとに図形の形が変わると統一感が失われる

　図形を1種類だけに限定する必要はありませんが、たくさんの種類の図形が登場するのはあまり好ましくありません。ですから資料を制作するときに、少し気をつけてもらい、「図形の種類が多すぎかな」と感じたら、統一することを心掛けてください。

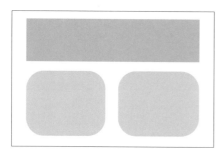
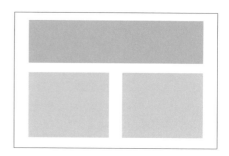

角丸四角形と普通の四角形が併用されている　　　四角形が統一されている

　また、多くの方が使ってしまうのが、「角丸四角形」と「普通の四角形」の併用です。これも微妙な違いですが、同じページに存在すると統一感が失われてしまいますので、どちらかに統一するようにしてください。

メリハリをつけてわかりやすく

　メリハリがない資料はとても読みづらくなってしまいます。反対に、メリハリがある資料は見やすくなり、すぐに理解してもらうことができます。メリハリをつけるためには、強調したい部分の文字を太くしたり、色を変えたりすることでメリハリが生まれます。

> 身だしなみを整える３つのポイント
>
> 1.清潔であること
> 清潔さは服装だけではなく、髪の毛やひげ、爪の手入れなどにも表れます。だらしない印象を与えてしまうと、それだけでその人の価値を判断されてしまいます。
> 2.場所に合わせること
> 相手の社風に合わせた服装を意識してください。自分本位のファッションをしてしまうと、浮いてしまい、不信感を抱かれる恐れがあります。
> 3.上品さを演出
> 柄の入ったシャツや、女性の場合、派手なメイクなどは敬遠されることがあります。自分を主張しようとして華美になることは避けてください。

メリハリがないとすべての文章がつながっているようで、読みづらい

　レイアウトにメリハリをつけるためのコツは3つあります。

・**塊に見せる部分にメリハリをつける**

・**一番伝えたい部分にメリハリをつける**

・**比較する部分にメリハリをつける**

　これらのことを意識してメリハリをつけていくと、バランスがよくなり、とても見やすい資料になります。

【塊に見せる部分にメリハリをつける】

　文字の太さや大きさ、色、行間を調整して塊に見せることで、読み手をスムーズに誘導することができます。

身だしなみを整える３つのポイント

1. 清潔であること
清潔さは服装だけではなく、髪の毛やひげ、爪の手入れなどにも表れます。だらしない印象を与えてしまうと、それだけでその人の価値を判断されてしまいます。

2. 場所に合わせること
相手の社風に合わせた服装を意識してください。自分本位のファッションをしてしまうと、浮いてしまい、不信感を抱かれる恐れがあります。

3. 上品さを演出
柄の入ったシャツや、女性の場合、派手なメイクなどは敬遠されることがあります。自分を主張しようとして華美になることは避けてください。

【一番伝えたい部分にメリハリをつける】

　もっとも伝えたいメッセージの、文字の大きさや色を変えることで、メリハリがつきます。また、文字の大きさや色だけではなく、四角形で囲ったりしても伝えたいメッセージが強調されます。

身だしなみを整える３つのポイント

1	2	3
清潔であること	場所に合わせること	上品さを演出
清潔さは服装だけではなく、髪の毛やひげ、爪の手入れなどにも表れます。だらしない印象を与えてしまうと、それだけでその人の価値を判断されてしまいます。	相手の社風に合わせた服装を意識してください。自分本位のファッションをしてしまうと、浮いてしまい、不信感を抱かれる恐れがあります。	柄の入ったシャツや、女性の場合、派手なメイクなどは敬遠されることがあります。自分を主張しようとして華美になることは避けてください。

「不快感を与えないこと」「信頼してもらうこと」が大切！

【比較する部分にメリハリをつける】

2つ以上の情報を比較する場合、文章で説明するより、図解で説明することが望ましいですが、どうしても文章で説明する場合には、比較部分を強調するようにしましょう。

Before	After
広告費が**高く** 1ヶ月で**23人**しか 見込み客を集められない	広告費が**半分**で 1ヶ月で**40人**の 見込み客を獲得できる

ジャンプ率を変えてプロっぽい表現にする

ジャンプ率というのは、メリハリの一種で「文字などの要素の大きさを変えること」をいいます。ジャンプ率が大きいと視認性が高まり、インパクトを与えることができます。よく使われるのが、数字部分を大きくしたり、「てにをは」などの助詞を小さくしたりする方法です。

新規事業と既存事業の シナジー効果で大きく成長 15年度 ▶ 17年度 210億円　293億円	新規事業と既存事業の シナジー効果で大きく成長 15年度 ▶ 17年度 **210**億円　**293**億円

文字のジャンプ率が小さい　　　　　文字のジャンプ率が大きい

一般的にジャンプ率が大きいと、「活発、ダイナミック、若い」といった印象を与え、ジャンプ率が小さいと、「上品、知的、落ち着き」といった印象を与えます。あなたの資料の雰囲気によって使い分けてみてください。

ジャンプ率が大きいとダイナミックな印象

ジャンプ率が小さいと落ち着いた印象

フォントの選び方

　フォントやフォントサイズは、あなたが使う資料によって変わってきます。

プレゼンテーション（スクリーンに投影）

日本語：メイリオ　　英語：Arial　　本文フォントサイズ：最低26pt以上

　大きな会議室などでスクリーンや大型モニタに映し出してプレゼンテーションをする場合には、会議室の大きさにもよりますが、最低でも26pt以上のフォントサイズにしましょう。また、フォントは、誰にとっても見やすく、誤読の少ないユニバーサルデザインフォントに近い「メイリオ」をオススメします。

プレゼンテーション（オンラインプレゼン）

日本語：游ゴシック　　英語：Arial　　本文フォントサイズ：最低14pt以上

　最近では、オンラインによるプレゼンテーションも増えてきました。オンラインですと、手元のデバイスで視聴することができるので、フォントサイズはそこまで大きくなくて大丈夫です。ただし、相手がパソコンではなく、スマホやタブレットで観るとなると画面が小さくなるので、14ptでは少し読みづらくなってしまいます。相手がどちらで視聴するのかわからない場合には、20pt以上などの少し大きめなフォントサイズで制作することをオススメします。

　フォントの種類は「游ゴシック」をオススメします。メイリオは視認性に優れ

ていますが、少し丸みを帯びたフォントで「かわいらしさ」があります。

　ビジネスの場では、「游ゴシック」を使用して、もう少し硬めの印象を与えると
よいでしょう。

営業資料（紙に印刷）

日本語：游ゴシック　　　英語：Arial　　　本文フォントサイズ：最低12pt以上

　紙に印刷して相手に渡す資料のフォントサイズは最低12pt以上がオススメです。

　このサイズにする理由は、自治体のコンペ案件などで指定される最低フォント
サイズが10.5ptだからです。この場合は提案書という形式で、かなり内容が詰め
込まれた資料になりますので、これよりも情報量の少ない一般的な営業資料では、
もう少し大きめの12ptのフォントサイズで読みやすくします。

　以上が各資料において、私が使い分けているフォントとフォントサイズですの
で参考にしていただければと思います。1つ補足しておくと、画像の説明文（キ
ャプション）やグラフなどデータ類の出典、注意書きなど、目立たなくてもよい
文字は、10.5ptより小さくても大丈夫です。

游ゴシック

どっかに行こうと私が言う
どこ行こうかとあなたが言う
ここもいいなと私が言う
ここでもいいねとあなたが言う
言ってるうちに日が暮れて
ここがどこかになっていく

メイリオ

どっかに行こうと私が言う
どこ行こうかとあなたが言う
ここもいいなと私が言う
ここでもいいねとあなたが言う
言ってるうちに日が暮れて
ここがどこかになっていく

【明朝体について】

　ゴシック体は視認性が高く、明朝体は可読性が高いフォントです。

　パソコンやスクリーンなどでは、ゴシック体のほうが読みやすいため、Webサ
イトやプレゼンではゴシック体を用いることが多く、新聞や小説などの長い文章
では、読み手に負担をかけにくい明朝体が使われることが多いです。

ゴシック体	ゴシック体は視認性が高く、見やすいフォントです。プレゼン等で使われることが多いフォントです。
明朝体	明朝体は可読性が高く、読みやすいフォントです。新聞や小説でよく使用されるフォントです。

　基本的に資料は全て「ゴシック体」を使用しますが、印象を少し変えたい場合には、見出し部分に「明朝体」を使用することで、高級感や落ち着いた印象を与えることもできます。

ゴシック体のみで構成されたデザイン

明朝体を使い高級感を高めたデザイン

文字の行間調整

　行間の調整も資料を読みやすくするための大切な要素です。Power Pointの場合、デフォルト設定だと少し行間が詰まっているので、文章量が多いと読みにくく感じます。少し行間を広げてあげると読みやすくなります。行間設定は「倍数：1.1〜1.2」くらいがオススメです。

無駄な要素を徹底的に無くし、これ以上削っても、足してもおかしいというギリギリのバランスで組み立てられるメッセージによって、非常に強くストレートに伝わるプレゼンテーション。
できるだけシンプルなデザインで、プレゼンテーションで伝えたいメッセージに豊かさを与える

行間が狭いと読みづらい

無駄な要素を徹底的に無くし、これ以上削っても、足してもおかしいというギリギリのバランスで組み立てられるメッセージによって、非常に強くストレートに伝わるプレゼンテーション。
できるだけシンプルなデザインで、プレゼンテーションで伝えたいメッセージに豊かさを与える

行間が広いと読みやすい

【Power Pointでの行間設定方法】

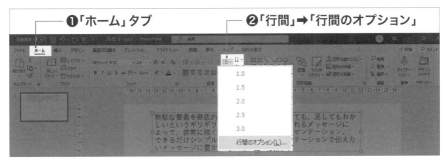

❶「ホーム」タブ　❷「行間」➡「行間のオプション」

1. 行間を変更したいテキストボックスを選択して「ホーム」タブを選択
2. 「行間」➡「行間のオプション」

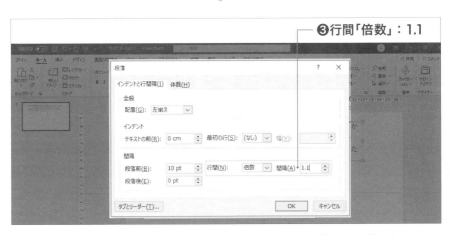

❸行間「倍数」：1.1

3. 行間を「倍数」にして間隔を「1.1」に変更。もう少し広げたい場合には「1.2」にする
4. テキストの行間が広がる

アイコンを使ってわかりやすさを高める

　ごちゃごちゃとした装飾は必要ありませんが、デザイン性を高めながら、わかりやすさも追求するのであれば、「アイコン」がとても便利です。アイコンはPower PointやWordで標準搭載されていますので、ぜひ、活用してみてください。

　アイコンは「挿入」タブ→「アイコン」で様々な種類のアイコンを簡単に挿入できますし、色も自由に変えられます。

Power Point（Word）ではたくさんのアイコンが用意されている。

色も自由に変更することができる。

画像を使ってデザイン性を高める

　画像を使ってもっとわかりやすい資料にしたいと思っても、画像のレイアウトに悩んでしまうことがあるかもしれません。3つか4つの画像があれば、それをキレイに整列させれば見栄えはいいのですが、1枚の画像だとバランスをとるのが難しいですよね。

画像が3つだとレイアウトのバランスがとりやすい。

画像が1つだとレイアウトのバランスが悪くなる。

1枚の画像でデザイン性を高めるためには、画像を思い切って大きく使うことで、インパクトを与えながらもデザイン性が高いページを作成することができます。

例えば、画面いっぱいに画像を使用したり、ページの半分に画像を配置したりすることで他のページとの違いを出し、印象づけることができます。ここでは、画像が1枚のときのレイアウト例をいくつかご紹介します。

画像をレイアウトする際には、画像をもっとも見せたいのか、それとも画像はイメージとして文章の補足的な役割なのかで、レイアウトの仕方が変わってきます。

柔軟な対応力があなたのビジネスを加速させる

変化が激しく、スピードが求められる現代では、これまでの慣習では対応に遅れてしまい、のちのち大きな損害となることがあります。ですから、スピード感を持って柔軟に対応することが求められています。

画面いっぱいに画像を使用するときには、テキストが読みやすいように工夫が必要。
ここでは、画像を暗く調整した。

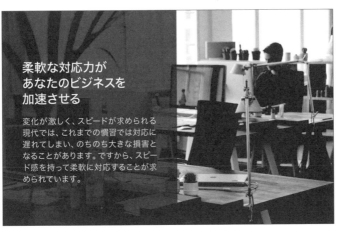

**柔軟な対応力が
あなたのビジネスを
加速させる**

変化が激しく、スピードが求められる現代では、これまでの慣習では対応に遅れてしまい、のちのち大きな損害となることがあります。ですから、スピード感を持って柔軟に対応することが求められています。

画面の半分に半透明の黒色をおいて、その上に文章を配置することで、画像を見せながらも文章が読める。

柔軟な対応力が
あなたのビジネスを
加速させる

変化が激しく、スピードが求められる
現代では、これまでの慣習では対応に
遅れてしまい、のちのち大きな損害と
なることがあります。ですから、スピー
ド感を持って柔軟に対応することが求
められています。

画像をトリミング
して画面の左半分
に配置して、画像
と文章の両方をは
っきりと見せる。

柔軟な対応力があなたのビジネスを加速させる

変化が激しく、スピードが求められる現代では、これまでの
慣習では対応に遅れてしまい、のちのち大きな損害となるこ
とがあります。ですから、スピード感を持って柔軟に対応す
ることが求められています。

画像をトリミング
して画面の上半分
に配置。
メインメッセージ
を画像の上に配置
し、本文を下に配
置。

柔軟な対応力が
あなたのビジネスを
加速させる

変化が激しく、スピードが求められる
現代では、これまでの慣習では対応に
遅れてしまい、のちのち大きな損害と
なることがあります。ですから、スピー
ド感を持って柔軟に対応することが求
められています。

画像を丸くトリミ
ングして小さくす
ることで、画像の
存在感を控えめに
しながらもプロっ
ぽい表現になる。

柔軟な対応力が
あなたのビジネスを
加速させる

変化が激しく、スピードが求められる
現代では、これまでの慣習では対応に
遅れてしまい、のちのち大きな損害と
なることがあります。ですから、スピー
ド感を持って柔軟に対応することが求
められています。

こちらも同じよう
に四角くトリミン
グして、画像の存
在感を控えめにし
たもの。
メインメッセージ
は画像の上に配置。

ホームページ作成なら
Web Createで

HTMLやCSSの知識は不要です。
300以上のテンプレートで、誰でも直
感的に操作して、おしゃれで目をひく
ホームページをつくることができます。

画像が画面からは
み出るように、大
胆にレイアウトす
ることでインパク
トが高まる。

第 8 章

直感的に伝わる
「タイトル」の作り方

資料においてタイトルはとても大切です。例えば、休日に映画をレンタルする
とき、本屋で本を買うとき、インターネットで調べ物をするとき、おそらく多く
の場合、タイトルを見て興味を持ち、内容を確認しようとしますよね。

　プレゼンテーションや営業などは少し状況が違いますが、「興味をひく」という
目的は同じです。それなのに、「新サービスにおける弊社の提案」のような、あま
りにも当たり前のタイトルでは少しもったいなく感じます。**タイトルは資料の概**
要を伝えるためにあるのではなく、読み手の興味をひくためにあるのです。

　私は、自社のWebサイトでPower Pointのテンプレートを無料で配布してい
ます。テンプレートを配布し始めた頃、ダウンロードページへのバナーをクリッ
クしてくれた人は、1ヶ月で265人でした。さらにクリックしてくれる人を増やす
ため、タイトルを変えたところ、1ヶ月に858人がクリックしてくれるようになり
ました。タイトルを変えただけで約3.2倍クリック数が増えたのです。

　なぜそんなにクリック数が増えたのかといいますと、「**概要を伝えたタイトル**」
から「**相手のメリットを伝えたタイトル**」に変更したからです。そうです。相手
の立場に立ったときに、どのようなタイトルなら興味をひかれ、期待値が上がる
のかを考え、変更した結果、クリックしてくれる人が増えたのです。

　これから、タイトルの作り方についてお伝えしていきますが、本章でお伝えす
る内容はタイトルだけではなく、各ページで重要なメッセージを考える際にも役
立ちますので、ぜひ参考にしてみてください。

相手の心を掴むタイトルのつけ方

ダメなタイトルのつけ方

　概要を伝えるだけのタイトルでは、あまり興味をひかれません。
「コンサルティングサービスについて」
「弊社の事業説明」

「マーティング戦略策定に向けて」
「御社が解決すべき課題と解決提案」

　このようなタイトルは確かに正しいことを伝えていますが、大雑把に表現されているため、具体的な内容が見えてきませんよね。
　また、かっこつけようとして意味のわからないタイトルになることもあります。
「いっしょにワクワクしませんか」
「営業革命2.0」
「3ステップソリューション」

　表紙でインパクトを与えようとすることは大切ですが、そのためにかっこいいタイトルを考えようとすると、そのほとんどが失敗に終わってしまいます。ですから、私たちが資料のタイトルをつけるためにやらなければいけないのは、概要を伝えることでも、かっこつけることでもありません。
「相手にとって興味をひかれるタイトル」を考えることなのです。

　興味をひかれるタイトルをつける、という視点で考えたとき、「ブランドの価値を最大化させる」といったタイトルはいかがでしょうか？　一見すると、興味をひかれそうなタイトルですよね。しかし、よく考えてみてください。「価値を最大化」とは一体どういうことなのでしょうか？　「価値」とは何を指しているのか。「最大化」とはどこを目指しているのか。まったく具体的なことが伝わってきません。
　これはタイトルだけではなく、資料内で重要なメッセージとして扱われる言葉にもよく使われています。

「価値」や「最大化」はとても便利な言葉です。具体的に伝えられないときでもこの言葉を使うと、なんとなく良さそうに聞こえてしまうからです。そして、このような便利な言葉は他にもあります。

・**高品質**
・**高機能**
・**ハイクオリティ**
・**高付加価値**

・最適化

　例えば、「弊社のこの商品はとても高品質です」という売り込みを受けて「高品質なら試してみたいな」と思うでしょうか？　「御社の顧客体験を最適化します」と言われても最適化とは何のことなのかわかりません。

　短い言葉は便利ですが、その反面、何も伝えられていない場合があります。ですから、できる限り便利な言葉を避け、その言葉は本当にタイトルとして興味をひける言葉なのかを十分に考える必要があります。

興味をひく5つのタイトルアイデア

　ここでは、相手の興味をひくためのタイトルを作るための5つのアイデアを紹介します。

・**相手のメリットを入れる**
・**新しい情報を入れる**
・**簡便性を入れる**
・**数字を入れる**
・**低費用を入れる**

【相手のメリットを入れる】

　読み手は、「この資料で提案される内容は、自分にとってどんなメリットがあるのだろうか？」といった視点で資料を読み始めます。そのため、最初にメリットを提示することができれば、興味をひき、期待感を与えることができます。

　例えば、「ドイツビールのお祭り」を開催するために、協賛企業に援助をお願いする提案資料の表紙を考えてみましょう。

案1）"ドイツビールフェス"の企画提案

　これは概要を伝えているタイトルなので、何をしようとしているのか理解はできますが、良いタイトルとはいえません。

案2）埼玉県で1万人を動員した“ドイツビールフェス”を地元で開催

このタイトルは直接的に相手のメリットを伝えているわけではありませんが、1万人を動員した実績を伝えることで、相手企業は自社を1万人にアピールできることを想像し、期待します。

このように、相手が自分のメリットを想像しやすいタイトルをつけることで、興味をひき、期待させることができます。

もしかしたら、最初にメリットを伝えることに抵抗感がある人もいるかもしれません。例えば、「在庫管理ツールを導入することで残業時間を30％カット」のようにもっとも伝えたいメッセージを最初に伝えてしまっては、ネタバレしている感覚になってしまうからです。

しかし、資料は映画でもなければ小説でもありません。読み手は資料を読むことを楽しんでいるわけではないので、出し惜しみする必要はなく、最初にもっとも読み手が知りたいことを伝えるべきなのです。

> **相手のメリットを入れたタイトル例**
>
> 「残業時間を減らすための画期的な管理システム」
> 「売り込まなくても商品が売れる！　営業トークの極意」
> 「コミュニケーションが増え、生産性が高まるオフィス空間の提案」

【新しい情報を入れる】

私たちは新しいものに敏感に反応します。新しいことが大好きなのです。「**新発売**」「**新発見**」「**新発表**」など、もしも誰もまだ知らないような情報なら、それをタイトルにすることで興味をひくことができます。

新しいことというのは、世界中でまだ誰も知らないことを指しているわけではありません。もしかしたら、他の業界では当たり前のことが、あなたの業界ではまだ知られていないことかもしれません。ですから、そんなに大げさに考えなくても、ちょっとした新しいことがあるのなら、タイトルに入れましょう。

新しい情報を入れたタイトル例

「営業トークはもう古い！　共感スキルで商品を売る」
「株式投資で知っておくべき新たな銘柄5選」
「ガソリンスタンドに定額課金システムを導入する方法」

【簡便性を入れる】

簡単にできるならそれを伝えてあげましょう。私たちはなるべく楽をしたいと思っていますし、なるべく簡単に物事を済ませたいと思っています。

いくら良い提案だったとしても、「なんか面倒臭そう」と思われたら受け入れてもらえません。もしも他の類似サービスより簡単にできるのであれば、それを伝えましょう。

簡便性を入れたタイトル例

「明日からできる！　部下にスケジュールを守らせるコツ」
「たった3ステップでキャッシュレス決済を導入」
「初心者でも10分で完了できる確定申告ソフト」

【数字を入れる】

数字は人を惹きつけます。なぜなら、とても具体的で説得力があるからです。例えば「多くの人が実感」よりも「13,000人が実感」と数字を入れたほうがより信頼度とインパクトが高まりますし、「コストを削減」よりも「コストを20％削減」のほうが説得力が高まります。

数字を入れたタイトル例

「25,320人を集客できたホームページの作り方」
「毎月14万人が利用する写真共有アプリ」
「満足度94％のオンライン英会話スクール」

【低費用を入れる】

　プレゼンテーションでコンペ案件の場合、最終的にはコストで決まってしまうこともあります。それほど「お金」は大切な要素になってくるのです。具体的な数字をタイトルで伝える必要はありませんが、コストを抑えることができるのであれば、それも伝えましょう。

> **低費用を入れたタイトル例**
>
> 「業界最安値プランの登場」
> 「電気代を20％カットする高効率システム」
> 「運用コストを削減する3つのノウハウ」

わかりきったことは伝えない

　表紙のタイトルに限ったことではなく、資料全体に共通することなのですが、すでにわかりきっていることは削除しましょう。

　表紙のタイトルでよく使われるのが「弊社」や「ご提案」といった言葉です。

　例えば、「受注率が高まる弊社の営業コンサルティング」というタイトル。

　わざわざ、「弊社」という名詞を入れなくても、「弊社」がコンサルすることは誰の目から見ても明白です。提案する会社と実行する会社が違うとは誰も思いません。ですから、「弊社」は削除してしまい、「受注率が高まる営業コンサルティング」で十分通じます。

　他には、「IoTを活用した生産効率改善のご提案」というタイルも同じです。「ご提案」も伝える必要はありません。相手からしたら提案されていることはわかっています。ですから「ご提案」も削除し、「IoTを活用した生産効率の改善」としたほうがスッキリします。**タイトルはしっかり理解してもらえないといけませんが、余計な言葉で長くなってもいけません。**

　また、余計な言葉は表紙タイトルだけではなく、各ページのタイトルでも見つけることができます。それが、「〜について」「〜に関して」です。

　「価格について」「サービスの特徴に関して」などのタイトルはよく使うかもしれ

ません。しかし、いってしまえば、どのページも「〜について」「〜に関して」書かれているのです。

「サービス内容について」「弊社の強みについて」「導入までの流れについて」「課題整理について」など、とにかく「〜について」「〜に関して」をつけようとしたらすべてのページタイトルにつけることになります。もしも目次を作ったら、「〜について」「〜に関して」のオンパレードになってしまいます。

　ですから、少しでも文字量を減らして、読みやすくなるように、わかりきったことは伝えないようにしましょう。

シンプルにストレートに伝える

コピーライターにならないこと

　私は電車に乗ると、中吊り広告をよく観察しているのですが、その日は某学習塾の広告が掲載されており、「進化させるダブル教育」と書かれていました。「ダブル教育」とは何を指しているのか、その意味を探るため、広告を隅々まで読んでみましたが、結局その答えらしきものは見つけられませんでした。

　こういったキャッチコピーというものはある程度、前後の文脈が必要になってきます。例えば、先程の広告に「私たちは、子供たちの学力だけを高めるのではなく、同時に社会で必要な協調性を高めることも目的としています」のような文章があれば、「ダブル教育」というのが「学力」と「協調性」を進化させることなのだということがわかります。

　私は決してこの広告を非難しているわけではありません。ブランド認知を目的としているなら、このような一貫したキャッチコピーの広告は、企業にとっての大切な戦略になるからです。

　ただし、これをプレゼンテーション資料や営業資料でやってしまうと、かなり問題です。私たちはコピーライターではありません。コピーライターのように短

い言葉でインパクトを与え、記憶に残るようなキャッチーなメッセージを考えることはしなくていいのです。

　もちろん、そのようなメッセージができれば最高ですが、相当難しいことですし、難しく考えた結果、誰にも伝わらない難解なメッセージになってしまう確率が非常に高いといえます。

　資料制作をしていると、皆さんはコピーライターが作るようなメッセージを求めているように感じます。短く、響きの良い言葉を探して「もっと短く、もっと短く」とまるで呪いにでもかかったかのように考えた結果、短くて、読んだときの響きはいいけど、意味がわからないメッセージや、価値が伝わらないメッセージが出来上がってしまう、ということがよくあります。

　確かに長くてダラダラとしたメッセージは読む気がしませんし、興味もひかれません。しかし、短くしすぎて意味が伝わらないメッセージも問題です。

　つまり、意味が伝わるギリギリの短さでメッセージを伝える必要があるのです。

ストレートに表現する

　相手の興味をひくメッセージを考えようとすると、気の利いたおしゃれなメッセージを考えようとしてしまいます。確かに、気の利いたおしゃれなメッセージは、多くの人の記憶に残るチカラを持っています。例えば「そうだ 京都、行こう。」というキャッチコピーは誰もが知っているキャッチコピーです。

　しかし、何度もお伝えしていますが、広告のキャッチコピーと資料で使うメッセージは全く違うものです。その2つを混同してはいけません。キャッチコピーは読み手の注目を一瞬で惹きつけ、インパクトを与えることを目的としています。一方、資料で扱うメッセージは、読み手に伝えたい内容をすぐに理解してもらうことが目的です。

　久光製薬株式会社が販売している「フェイタス」という湿布のテレビCM内でとてもいいセリフがありました。

フェイタスの宣伝方法について 社内会議を会議室で行っている風景。
会議テーブルには何人かの社員が座っており、その前で、プロジェクトリーダーのような男が歩きながらフェイタスを持ち、どう**訴求**すべきか困っている。

【リーダー】
フェイタスには塗るフェイタスがあるということを、どう伝えればいいか……?

【社員A】
フェイタスには塗るフェイタスがある……。
ん? そのまま言えばいいんじゃないですか!?

【リーダー】
いい意見だ!

　そうです。そんなに難しく考えないで、そのまま伝えればいいのです。
　これは私がお客様とお話ししていると、よく感じることですが、どんなメッセージがいいのか悩まれているときに、お話を聞いていると、案外自分では気づかないうちに優れたメッセージを発言していることがあります。
　そのなかで私が「その言葉いいですね!」と話を遮り、お伝えすると、「あっ! 確かにいいですね」となるわけです。

　つまり、色々と考えすぎて、難しい方向に自分から進んでいき、出口が見えなくなってしまうのです。そのようなときには、一度立ち止まって、何が一番伝えたいことなのかを考えてみてください。そしてそれを声に出して言ってみてください。
「話す」という行為は、しっかりと考えをまとめて伝えるというよりも、思いついた内容をアウトプットすることが多いので、それを、できれば誰かに聞いてもらうか、録音してみると、その中にストレートな表現の優れたメッセージが見つかることがあります。
　私の経験上その確率はかなり高く、「あなたの商品の良いところを書きだしてください」と言うよりも「あなたの商品の良いところを話してください」とお願い

したほうがスラスラと言葉が出てきます。

　そして、**伝えたいことをそのまま伝えるほうが、誰が聞いてもわかりやすいメッセージになりやすい**ということを覚えておいてください。

　ストレートにシンプルにそのまま伝えることが、相手にとってわかりやすいメッセージになるのですが、1つ気をつけていただきたいのが、ダラダラと長い説明はNGということです。

　例えば、先程のフェイタスを例に挙げてみます。

「フェイタスはフィルムのはがしやすさや、貼りやすさなどの使いやすさが特徴的です。さらに痛みのもとに直接働きかけます。そんなフェイタスに塗るタイプが登場してさらに使いやすさがアップしました」

　とても長いですよね。ですから、ストレートに伝えすぎて長くなりすぎないように気をつけてください。必要ないと思う情報を削ってシンプルに仕上げていき、「その先の情報が知りたい」と思われるようなメッセージを見つけてみましょう。

YAHOO! の記事タイトルを参考に

　私がいつも感心させられるのはYAHOO!のトップ画面に表示される、「経済」や「エンタメ」や「スポーツ」などのニュース記事のタイトルです。

　約14文字というスペース的な制限があるなかで、多くの人の興味をひくためのタイトルを考えることは、まさにプロの仕事だといえます。読み手の関心をひくための言葉の選び方、言葉のリズムなどによって、普段は興味もないような記事なのに、思わずクリックしてしまうことがあります。

　YAHOO!の記事タイトルだけではなく、Web広告のバナーやブログ記事のタイトル、本のタイトルなどもとても参考になりますので、これからYAHOO!を使う際などは、なぜ自分はそのタイトルに興味をひかれたのか、少し考えてみてください。

表紙の作り方

タイトルを決めるタイミング

　タイトルを決めるためのパターンを知ったところで、なかなかアイデアが出てこないこともあります。一生懸命考えても、いいアイデアが出てこないときには、まずは仮でタイトルをつけておいて、資料の制作が終わったら、最後に本番用のタイトルを考えるようにしてみてください。

　なぜ、最初に仮タイトルを決めておくのかといいますと、余計な話に脱線せず一貫性を保った内容を構成することができるからです。

　また、最後に本番用タイトルを決定するのは、実際に資料の制作を進めていくと思いもよらないアイデアが出てきたり、アウトプットしていくことで、自分の考えが整理されたり、矛盾に気づいたりと色々な発見があるからです。

　こうして資料を最後まで作った頃には、最初に考えていたよりも、自身の提案についてより理解を深めているはずです。この状態のときにタイトルを考えると、言いたいことやストロングポイントが明確にわかっているので、よりわかりやすく、伝えたいポイントをおさえたタイトルが思い浮かぶはずです。

タイトルを決めるステップ

Step 1	Step 2	Step 3
仮タイトル決定	資料内容構成	最終タイトル決定
コンセプトやテーマを決める	仮タイトルに沿った一貫した内容の構成	内容を深く理解したうえで再調整

表紙デザイン

【読みやすい表紙デザイン】

表紙には下記情報を記載します。

・タイトル
・提案者の名前（会社名、団体名、氏名等）
・日付
・サブタイトル（場合によって必要）

フォントの大きさは、もちろんタイトルが一番大きく、提案者名や日付は、小さくして配置するのですが、タイトルの中でもひらがなを小さくしてみたり、助詞（てにをは）を小さくしてみたりすることで、タイトルにメリハリが生まれ、読みやすくなります。

そして、もう1つお伝えしたいのが、「漢字とひらがなのバランス」を考えることです。

漢字だらけでは、とても硬い印象を受けますし、ひらがなばかりでは軽い印象を受けてしまいます。どちらもバランスよく入っていることで読みやすさも向上しますので、あまりにも漢字が多すぎたら、一部をひらがなにしてみる、ひらがなが多すぎたら、漢字で表現できる言葉を使うなどの工夫をしてみてください。

全て一括管理
簡単経理作業

ソフトウェア株式会社
2020年X月X日

漢字だらけだと硬い印象を受けて、読みづらい。

すべてをまとめて管理
だれでもミスなく経理ができる

ソフトウェア株式会社
2020年X月X日

ひらがなだらけだと、タイトルが長く感じて読みづらい。

タイトルの長さはそこまで気にすることはありませんが、文章のような長さに

なってしまうようでしたら、「サブタイトル」という形で、タイトルの上などに置くと、読みやすいうえに内容を把握しやすくなります。

<table>
<tr>
<td>
煩雑な経理作業を
全て一括管理
誰でもミスなく経理が可能

ソフトウェア株式会社
2020年X月X日
</td>
<td>
経理部の味方

全て一括管理
誰でもミスなく経理が可能

ソフトウェア株式会社
2020年X月X日
</td>
</tr>
<tr>
<td>
ひらがなと漢字のバランスが良く、助詞のフォントサイズを小さくすることでタイトルにメリハリがでている。ただし、具体的に内容を伝えようとして長いタイトルになってしまった。
</td>
<td>
サブタイトルを上部に配置することで、スッキリとしながらも内容を十分に伝えることができる。サブタイトルの内容によってはタイトルの下部に配置してもOK。
</td>
</tr>
</table>

【表紙の背景の設定】

　表紙でデザインに凝ったものを作ろうとすると、ダサくなってしまうことがあるので、あまり凝りすぎないでシンプルにデザインすることを心掛けてください。

デザインを意識しすぎて装飾を重ねると失敗することが多いので、あまり凝ったことをしないほうが無難。

　表紙でインパクトを与えるためにもっとも簡単な方法は画像を背景に差し込むことです。ただし、画像を背景に差し込む場合には、文字が読みづらくならないように、背景写真とのコントラストに十分注意する必要があります。

　その他にも、グラフィックを使用するパターンや、背景に色を置くパターン、あえて無地のまま余白を残すことで、洗練された印象を与えるパターンがありますが、特に凝ったデザインにする必要はないので、以下の3つのデザインパターンのなかから資料に合ったものを使用してみてください。

・**画像を使う**

・**背景に色を使う**

・**文字のみ**

【画像を使った表紙デザイン例】

表紙に画像を使うときには、ページの半分よりも少し小さい幅にトリミングして配置するとバランスよく見える。

画像をモノクロに調整して、その上に資料のメインカラーとなる透明色の四角形を置くことで、資料全体の統一感を保ったデザインになる。画像をモノクロにすると、どんな色にも合うのでオススメ。Power PointでもWordでも簡単に画像をモノクロに調整することができる。

【背景に色を使ったデザイン】

背景に塗りだけを使う場合、グラデーションにするとデザイン性が高まる。グラデーションの色の設定に悩んだ場合、Googleなどで「グラデーション」と検索して気に入ったものを真似する。
色味はあくまでもメインカラーと同じにすること。

メインカラーで全体を塗り潰したデザイン。シンプルでありながらも主張の強いデザインにすることができる。
ただし、メインカラーの色が薄い色の場合には中途半端なデザインになるので、避けたほうが良い。

【文字のみ表紙デザイン例】

顧客情報の管理システム

従業員で情報を共有し
最高のおもてなしを

kanriシステム株式会社
2020年X月X日

文字だけで表現する場合には、フォントサイズを少し小さくして余白を多めにとるようにすると、シンプルで清潔感のある表紙になる。

顧客情報の管理システム

従業員で情報を共有し
最高のおもてなしを

kanriシステム株式会社
2020年X月X日

文字を中央揃えではなく、右に寄せることで、さらに余白が強調されるので、落ち着いたデザインになる。

本文デザイン／黒田志麻

著者紹介

高村勇太　1982年生まれ。埼玉県出身。
Null Japan株式会社代表取締役。プレゼ
ン資料の専門家。月間13万人が利用する
プレゼン資料専門サイト「プレサポ」を
運営。武蔵野美術大学通信教育課程を卒
業後、鹿島建設グループの設計事務所
に入社。主にコンペ案件のプレゼンテー
ション業務に従事。2016年にNull Japan
株式会社設立。これまでに官公庁や大手
企業、医療機関、個人事業など様々な業
種のプレゼン資料や営業資料を手掛け、
資料作りに関する講義も行っている。

直感で伝わる！
プレゼン資料は見た目が9割

2021年7月25日　第1刷

著　者	高 村 勇 太	
発 行 者	小 澤 源 太 郎	
責 任 編 集	株式会社 プライム涌光	
	電話　編集部　03（3203）2850	
発 行 所	株式会社 青春出版社	

東京都新宿区若松町12番1号 ☎162-0056
振替番号　00190-7-98602
電話　営業部　03（3207）1916

印　刷　大日本印刷　　　製　本　大口製本

万一、落丁、乱丁がありました節は、お取りかえします。
ISBN978-4-413-11361-8 C0030
© Yuta Takamura 2021 Printed in Japan

お願い　ページわりの関係からここでは一部の既刊本しか掲載してありません。
折り込みの出版案内もご参考にご覧ください。

青春出版社のA5判シリーズ

青春出版社のA5判シリーズ

水島弘史	「塩少々」をやめると料理はうまくなる
	「おやすみなさい」の前に、ほんの1分 心やすまる絶景ポエム
Good Night Books [編]	
南雅子	体は骨格から変わる! 股関節「1分」ダイエット
Lisa	体の不調が消える! 1日10分のリンパヨガ
石神亮子	お腹だけのやせ方があった! くびれ筋トレ 3万人の身体を変えたタイプ別メソッド
井本邦昭	痛み、疲れは「動いて」消す! 人体力学
印度カリー子	おいしくやせる! 簡単スパイスカレー
山口由紀子	10歳までに身につけたい 子どもが一生困らない 片づけ・そうじのコツ この生活習慣が、自己管理力を伸ばします

お願い　ページわりの関係からここでは一部の既刊本しか掲載してありません。折り込みの出版案内もご参考にご覧ください。

青春出版社のA5判シリーズ

藤井千代江		磯﨑文雄		今村匡子
写真の整理は、こんなに楽しい！	血圧を下げる新習慣	目の筋膜をリリースする新しい視力回復法		
人生を1冊でふりかえる手作りアルバム	**オムロン ヘルスケアの社員食堂レシピ**	**1日1回！目がどんどんよくなる「アイダンス」**	**オムロン ゼロイベントランチ プロジェクト**	**産後リセット体操で妊娠前よりきれいにやせる！**

マカレン数秘術				
摩訶蓮	山本知子	おもしろ城郭史研究会［編］ 今泉慎一［編］		荒舩良孝
新しい運命を開く		迫力のビジュアル解説	見方を知れば100倍面白くなる！	
マカレン数秘術	**1分間 寝ながら小顔**	**宇宙と生命最前線の「すごい！」話**	**親子でめぐる！御城印さんぽ**	

青春出版社のA5判シリーズ

脳が若返る特効薬 **長生きニンニク油** 篠浦伸禎	あなたの「声」と「滑舌」が どんどんよくなる本 藤野良孝　海保知里	
図と写真でわかる **玄関から始める** **片づいた暮らし** 広沢かつみ	ぽっこりお腹、ねこ背、たれ尻… **1分で美姿勢になる** **ファシア・ストレッチ** 遠藤健司	
怖いほど運が向いてくる！ **四柱推命【決定版】** 水晶玉子	**フライパンひとつで** **魚のごちそう** ダンノマリコ	
ひらめく！ 使える！ ワクワクする！ **365日** **ヒットのアイデア** ビジネスアイデア総研［編］	人気のオーストラリア原産 庭木・草木200種 **はじめての** **オージープランツ図鑑** 遠藤昭	